威廉·詹姆士哲学文集

王成兵 主编

第 4 卷

真理的意义
——《实用主义》续篇

［美］威廉·詹姆士 著

黄启祥 译

THE MEANING OF TRUTH
William James

商务印书馆
The Commercial Press

William James
THE MEANING OF TRUTH
A Sequel to 'Pragmatism'
Longmans, Green And Co. New York,1909
本书根据纽约朗曼-格林出版公司 1909 年版译出

威廉·詹姆士

(William James, 1842—1910)

总　序

实用主义（Pragmatism）产生于 19 世纪 70 年代的美国，在 20 世纪的前三十年间发展到鼎盛时期。作为一种具有典型美国色彩的思想文化产品，实用主义以其独特的哲学风格与话语方式在美国的哲学、政治和文化领域中产生了巨大的影响。作为现代西方哲学的主要流派，实用主义与分析哲学、当代欧洲大陆哲学等具有不可忽视的学术关联。实用主义在西方哲学东渐史中扮演了一个重要角色，它对于现代中国的哲学、文化、教育和社会生活等方面产生了很大的影响。

威廉·詹姆士（William James, 1842—1910，也译为威廉·詹姆斯）是实用主义最主要代表人物之一，也是美国哲学史上第一位真正具有世界性影响的哲学家。

《威廉·詹姆士哲学文集》的翻译、研究和编辑正式启动于 2017 年。国内外十几所大学的实用主义研究专家参与了这个工作。本文集尽量收入詹姆士的经典哲学著作、论文和演讲稿等。已经完成翻译与编辑的文稿有：

第 1 卷《实用主义——某些旧思想方法的新名称》（*Pragmatism: A New Name for Some Old Ways of Thinking*）。1907 年初版。该书的主要内容来自詹姆士于 1906 年 11 月和 12 月在波士顿的罗威尔学院和1907年1月在纽约哥伦比亚大学发表的演讲。该书是实用主义哲学的经典文献之一。该书阐释了实用主义的形而上学观、哲学党派原则、实用主义的基本原则、实用主义真理观、实用主义的方法论和实用主义的宗教哲学观等。该书一经问世便大受欢迎，仅在出版当年就印刷了五次。该书也当即引起了欧洲哲学界高度关注。

第2卷《心理学原理》(*Principles of Psychology*)。1890年初版。《心理学原理》是詹姆士用时十二年(1878—1890)完成的著作。该书是实用主义和心理学史上最为重要的著作之一。通过《心理学原理》，詹姆士的哲学思想得以成型和流传。该书是詹姆士全部哲学思想的纽带，它既呈现出詹姆士后来思想发展的主要脉络，也阐释了詹姆士的彻底的经验主义、实用主义以及他对宗教信仰和道德信仰两者之间关系与运作方式所作的分析。

第3卷《宗教经验种种——人性的研究》(*The Varieties of Religious Experience: A Study in Human Nature*)。1902年初版。《宗教经验种种》是詹姆士以其在英国爱丁堡大学的吉福德讲演(Gifford Lectures)为基础写成，是他生前出版的最为重要的哲学著作之一，也是美国宗教学领域中最为重要的经典文献之一。詹姆士在该书中提出，要从宗教生活的层面发掘人性的秘密，这与他认识、发掘和揭示人性的学术使命一致。该书提出了"个人宗教"的观念，认为宗教在于个人的原始性的亲身体验。该书还讨论了宗教生活的展开。詹姆士的这部著作是其思想整体的一个重要组成部分。如果说彻底经验主义和实用主义是詹姆士哲学的核心，那么，该书通过对宗教体验的全面考察，使得詹姆士的哲学更为丰满。时至今日，该著作对于学术界所进行的现代性语境下的世俗化研究仍具有非常重要的价值。

第4卷《真理的意义——〈实用主义〉续篇》(*The Meaning of Truth: A Sequel to 'Pragmatism'*)。1909年初版。《真理的意义》是詹姆士继《实用主义》出版之后对自己的实用主义真理学说的再阐释。该书对人的认知活动、人本主义与真理、实用主义对真理的解释等核心学说，进行了更充分、更具针对性和更深入的讨论。詹姆士在书中还严肃地回应了学术界对实用主义的多种批评。

第5卷《信仰的意志及其他通俗哲学论文集》(*The Will to Believe and Other Essays*)。1897年初版。《信仰的意志及其他通俗哲学论文集》探讨了信仰与道德的哲学问题，涉及如何有意义地生活以及道德生活在现代社会中的地位等问题。该书还对当时流行的一些哲学问题（如决定论、个体性等）及其代表人物进行了研究。该书所表达的哲学观念是詹姆士哲学思想走向成熟和研究重点发生转向的重要标志。

第6卷《若干哲学难题》(*Some Problems of Philosophy*)。1911年初版。《若干哲学难题》是詹姆士离开人世之前数周写作和修改的书稿。詹姆士在书中对西方哲学史和现代西方哲学的一些难题（如哲学观、形而上学、一与多、存在、知觉与概念、理智主义等）进行了深入的探讨。

第7卷《彻底的经验主义论文集》(*Essays in Radical Empiricism*)。1912年初版。《彻底的经验主义论文集》是詹姆士去世后由其学生和同事编辑的论文集。该书聚焦于詹姆士的彻底经验主义学说和形而上学思想。书中讨论的彻底经验主义不仅成为詹姆士哲学的重要组成部分，也对现象学哲学、非理性主义哲学（如柏格森、萨特、弗洛伊德等）和分析哲学（如维特根斯坦等）产生了明显的影响。此外，该书集中讨论的很多哲学问题与当今的心灵哲学、知识论等论题有着密切的关联。

第8卷《一个多元的宇宙》(*A Pluralistic Universe*)。1909年初版。《一个多元的宇宙》的核心文本来自詹姆士在英国曼彻斯特学院的希伯特讲座（Hibbert Lectures）上发表的关于现代哲学问题的讲稿。该书体现了詹姆士所代表的古典实用主义对黑格尔等人的观念论的批评，展示了詹姆士的多元论的哲学立场和实用主义态度。该书还揭示了詹姆士彻底经验主义的学术主张，以及詹姆士对柏格森等现代欧洲哲学家的看法。该书有助于人们理解詹姆士哲学与欧洲哲学思想的内在关系。

第9卷《威廉·詹姆士哲学论文集》(*Selected Philosophical Essays by William James*)。本卷收录了詹姆士发表于不同时期的20多篇哲学论文，时间跨度从1876年詹姆士赴哈佛大学哲学系任教到1910年去世。其中既有与詹姆士本人哲学思想发展有重要关系的文献（如他发表的第一篇真正意义上的哲学论文《评斯宾塞对心灵的定义：作为"适应"产物的心灵》），有反映他对实用主义哲学的一些思考的论文，还有他写作的某些重要书评或演讲稿，等等。

第10卷《威廉·詹姆士哲学书信集》(*Selected Philosophical Correspondence of William James*)。在詹姆士生活的时代，信件是哲学家之间进行学术交流的重要媒介。据统计，现存的詹姆士来往信件不少于五千封。《威廉·詹姆士哲学书信集》选取了詹姆士与柏格森（Henri Bergson）、罗素（Bertrand Russell）、皮尔士（Charles

Sanders Peirce)、杜威(John Dewey)、桑塔耶拿(George Santayana)、布拉德雷(Francis Herbert Bradley)、席勒(Ferdinand Canning Scott Schiller)、佩里(Ralph Barton Perry)、罗伊斯(Josiah Royce)以及意大利实用主义者等同时代的知名哲学家的来往书信。在这些书信中,詹姆士与哲学界同行或讨论哲学问题,或彼此分享研究的进展和新发表的成果,或进行直接的思想交锋。此外,本书信集还精选了詹姆士与家人或圈外朋友的谈论自己的学术活动及其影响的信件。这些信件在某种程度上反映出詹姆士思想成长和影响发动的印迹。

改革开放四十多年来,中国学术界的实用主义研究总体上呈现出逐步升温的态势。研究工作已不再仅仅停留于对实用主义的一般问题的讨论,更开始挖掘实用主义的内在逻辑和当代哲学意义。国内外研究者在文本、话题和话语方式等方面趋于同步,各方的对话和交锋已经在实用主义研究的某些前沿地带展开。实用主义经典文本的编辑、翻译、研究和出版,已经成为研究工作的不可或缺的组成部分。《威廉·詹姆士哲学文集》的翻译和出版既是当代中国学术界的实用主义研究的水到渠成的成果,也为进一步推进实用主义研究提供了关键的文献支撑。

詹姆士的哲学在中国学术界有一百多年研究的历史。自 20 世纪二三十年代起,学术界翻译和出版过一些詹姆士的哲学文献,有的文献甚至出版了若干个译本。《威廉·詹姆士哲学文集》有意识地选用了若干部由商务印书馆出版的高水平译本。在翻译本文集的过程中,各位译者虚心地学习和参考先前的译本,努力更准确和完整地传递詹姆士本人所要表达的思想。在此,向为詹姆士哲学文献翻译做出贡献的各位前辈学者与同行表示感谢和敬意。

《威廉·詹姆士哲学文集》的部分成果来自我承担的国家社科基金重大课题"《威廉·詹姆士哲学文集》翻译与研究"(17ZDA032)。课题从立项到结项历时六年多。在这个过程中,多位国内外知名专家对课题给予了各种指导、支持和关心。课题组的诸位专家展现出极高的学术热情和专业水准,较圆满地完成了各自承担的研究和翻译任务。各位专家出色的专业能力和良好的合作精神,保证了课题的顺利推进,从而为本文集的编辑和出版打下了良好的基础。在此,向课题组的各位专家表示由衷的感谢。

编辑、翻译和出版多卷本的《威廉·詹姆士哲学文集》是一项困难的工作,尤其需要来自专业出版人员的密切合作和精心指导。商务印书馆总编辑陈小文、学术中心主任李婷婷、学术中心哲社室主任李学梅和责任编辑卢明静等老师为文集的编辑、翻译和出版提供了多方面的支持。在此,向商务印书馆的各位老师表示衷心的感谢。

王成兵

2024 年 6 月 28 日于山西大学哲学学院

目　　录

序言 ……………………………………………………… 1
1. 认知功能 …………………………………………… 10
2. 印度的虎 …………………………………………… 34
3. 人本主义与真理 …………………………………… 39
4. 认识者与被认识者的关系 ………………………… 67
5. 人本主义的本质 …………………………………… 78
6. 再谈真理 …………………………………………… 87
7. 普拉特教授论真理 ………………………………… 101
8. 实用主义对真理的解释及其误解者 ……………… 111
9. 真理一词的意义 …………………………………… 131
10. 尤利乌斯·恺撒的存在 …………………………… 134
11. 绝对者与艰苦奋斗的生活 ………………………… 137
12. 赫伯特教授论实用主义 …………………………… 140
13. 抽象主义与"相对主义" ………………………… 149
14. 两位英国批评者 …………………………………… 163
15. 对话 ………………………………………………… 172

索引 …………………………………………………… 179

主要参考书目西汉对照表 ·· 186
译后记 ··· 189

序　言

在我的那本名为《实用主义》(*Pragmatism*)的书中，一个关键的部分是对于我们称之为"真理"的那种关系——一个观念（观点、信念、陈述等等）与其对象之间所可能存在的一种关系——的论述。我在那里说："真理是我们的某些观念的一种性质，它意味着与实在相符合，而虚假意味着与实在不符合。实用主义者与理智主义者都认为这个定义是理所当然的。"

"如果我们的观念不能准确地摹写其对象，所谓与那对象符合又是什么意思？……实用主义通常会这样问。'假定一个观念或信念为真，'它说，'它之为真会在我们的现实生活中造成什么具体的差别？如果该信念为假，它所产生的经验与其为真时有何不同？真理是如何实现的？简言之，从经验的角度看，真理的兑现价值是什么？'当实用主义提出这个问题时它就看到了答案：真观念是我们能够吸收(assimilate)、确证(validate)、验证(corroborate)和证实(verify)的观念；而假观念则不能。这就是拥有真观念所带给我们的实际差别；因此这就是真理的意义，因为人们所知的真理就是这样。"

"一个观念的真理并不是它固有的一成不变的性质。真理是后来出现在观念上的。观念是变为真的，是被一些事件造成为真的。它的证实实际上是一个事件，一个过程，即它证实它自身的过程，也就是它的证实过程。它的有效性就是使之有效的过程。"①

"从最广的意义上说,与实在相符合只能意味着,或者被径直引导到它那里或者被引导到它的周围,或者在工作中与它进行接触,在处理它或与其相关的事物时比不符合的情况更好,不论在思想上还是在实践上都更好……任何一个观念,如果它有助于我们在实践上或思想上处理实在或其相关事物,如果它不使我们在前进时遭受挫折,如果它实际上适合(fits)实在的整个环境并且使我们的生活也适应实在的整个环境,它就充分满足要求了。它对这实在来说就是真的。"

"简而言之,真理不过是我们便利的(expedient)思想方式而已,正如'正确'不过是我们便利的行为方式一样。有各种各样的便利,这里当然指的是长远的和总的便利;因为对眼前的一切经验是便利的,未必对后来的一切经验都同样令人满意。我们知道经验会溢出已有的界限,使我们修正现有的原理。"

这个关于真理的论述,继杜威(Dewey)先生和席勒(Schiller)先生所作的类似论述之后,引发了最热烈的讨论。评论者中很少有人支持,绝大多数都予以拒绝。很明显,这个论题看似简单,实则不易理解;我想同样明显的是,这一问题的最终解决将成为认识论史上的转折点,从而也成为整个哲学史的转折点。为了让以后那些

---

① 不过,我要补充一点:"可证实性(verifiability)与证实同样有效。因为在我们的生活中,有一个真理-过程(truth-process)完成,就有千千万万个处于发生状态。它们引导我们走向直接证实;引导我们进入它们所指向的对象的周围;如果一切进展顺利,我们确信它们是可证实的,因而我们也就省略了直接证实,这种做法通常证明是合理的。"

可能有志于研究该问题的人更易于理解我的思想,我在本书中收集了我所写的所有与真理-问题(truth-question)直接相关的文章。本书的第一篇论文是我在1884年对于真理问题的首次说明,随后的论文依照它们的发表时间排列,其中有两三篇属于初次面世。

我受到的最多指责之一是,我把宗教信仰的真理等同于这些信仰之让我们"感觉舒适"。很遗憾,我在《实用主义》中谈到某些哲学家所信仰的绝对者(the absolute)所具有的真理时,用语不够严谨,为这一指责提供了一些口实。我在那里解释了为什么我自己不相信绝对者(该书第78页),同时还认为,它可以满足那些需要"精神假日"的人们,并且就此而言(如果获得精神假日是好事的话)[1],它是真的。我把这作为和解的橄榄枝献给我的对手。但是他们对于这样的示好已经习以为常,不但践踏赠礼,而且善将恶报。我太高估他们的善意了——唉! 世间的宽宏胸怀竟如此稀有! 唉! 凡俗的才智竟如此贫乏! 我原以为这是人所共知的:两种相互竞争的世界观,在其他方面都相同的情况下,如果第一种否定了人类的某个重要需求,而第二种则满足了它,那么第二种会受到头脑健全者的青睐,原因很简单,因为它让世界看起来更合理。在这种情况下选择第一种观点,将是一种苦行行为,一种哲学上的克己行为,任何正常人都不会这样做。根据实用主义检验概念的意义之方法,我曾阐明绝对者这个概念只是意味着[精神]假日的提供者,宇宙恐惧的驱除者。当一个人说"绝对者存在"时,在我看来他要表达的真实含义只是,"在宇宙中感到安全的理由"是存在的;拒不培养

---

[1] 前文所引书第75页。[即《实用主义》。——译者]

安全感，是违反人的情感生活的自然倾向的，这种倾向应像预言一样受到重视。

显然，那些批评我的绝对主义者未能看到他们自己心灵活动的任何情景，因此我只好道歉，收回我的赠礼。我现在说，绝对者在任何意义上都不是真的，既然他们持那种论调，那么它在我所说的那个方面尤其不是真的。

我对"上帝"、"自由"和"设计"的看法与此类似。通过运用实用主义的检验方法，将这些概念的意义还原为其确实的可经验的活动，它们都意味着同样的东西，即世界上存在"希望"。"有没有上帝"意味着"有没有希望"。在我看来，对于世界是否具有这种或那种特征的问题，这种方法足够客观，尽管我们自己的暂时答案是基于主观的理由。可是，基督教的批评者与非基督教的批评者都指责我要求人们说"上帝存在"，尽管上帝不存在，因为在我的哲学中，的确，这句话的"真理"并不意味着上帝以任何形式存在，只是意味着这样说让人感到舒服。

实用主义者与反实用主义者之间的绝大多数论战皆是针对"真理"这个词该作何解释，而非针对真理-情境（truth-situations）中所包含的任何事实；因为实用主义者与反实用主义者都相信存在的对象，正如他们都相信我们关于它们的观念。区别只在于，当实用主义者谈到真理时他们专指观念的某种性质，即它们的有用性（workableness）；而反实用主义者谈到真理时常常指对象的某种性质。既然实用主义者若同意一个观念"确实"是真的，他也会同意这观念就其对象所说的一切，既然绝大多数反实用主义者已经同意，如果对象存在，述说这对象的观念就是有用的，那么似乎没有什么可争论的了，人们可能会问，我为何还要重印这些充满言辞之争的旧稿，而不将它们付之一炬，以体现我的"价值"观呢。

我明白这个问题，也会回答这个问题。除此之外，我还对另一种哲学学说感兴趣，我把它命名为彻底经验主义（radical empiricism），在我看来，实用主义真理观的确立是推行彻底经验主义最为重要的一步。彻底经验主义首先包括一个公设，然后是一个关于事实的陈述，最后是一个概括的结论。

这个公设是：只有那些取自经验的词语能够解释的事物，才是哲学上可争论的事物。（本质上不可经验的事物尽管可以存在，但它们不能成为哲学争论的素材。）

关于事实的陈述是：事物之间的关系，无论是连接的还是分离的，都与事物本身一样，是直接的特殊的（particular）经验。

概括的结论是：因此，经验的各个部分通过关系而连成一体，这些关系本身也是经验的组成部分。总之，我们直接认识的世界不需要任何外来的超验的联系来支撑，它自身就有一个连续不断的结构。

在当前的思想中，彻底经验主义的最大障碍是那种根深蒂固的理性主义信念。它认为直接被给与的经验都是分离的，无连接性的；要让这种分离状态形成一个世界，必须有一个更高层次的统一者。根据流行的唯心主义观点，这个统一者被描述成绝对的全视者（the absolute all-witness），它向万物抛出各种"范畴"，就像网一样，把万物"联系"在一起。也许在所有这些范畴中最奇特最独特的应该是真理-关系（truth-relation），它将实在的部分成对地连接起来，使其中之一成为认识者，使另一个成为被认识者，它自身却没有任何经验内容,既不能描述,也不能解释,也不能还原为更低的词语,只能通过说出"真理"这个名称来表示。

相反,实用主义者在真理-关系上的观点是,它有确定的内容,其中的一切都是可经验的。它的全部性质都可以用肯定的词语来表示。观念要为真,其必须具有的"有用性"是指其在具体经验中逐一产生的特殊的效用,这些效用或者是物质的或者是思想的,或者是现实的或者是可能的。如果实用主义的这个观点能被人们接受,彻底经验主义也将获得一个巨大胜利。因为在理性主义者看来,对象与真正认识该对象的观念之间的关系绝非这样一种可描述的关系,相反,它超越时间中所有可能的经验;如此解释的这种关系,是理性主义通常最不愿意放弃的。

由于我在本书中所要反驳的各种反实用主义的观点易于被理性主义者不仅用来反对实用主义,而且用来反对彻底经验主义(因为如果真理-关系是超越的,其他关系可能也是如此),因此我深深感到,对其进行明确反击并予以坚决清除,在战略上至关重要。我们的批评者一直说,虽然效用与真理相伴而行,但它们并不构成真理。他们不停地对我们讲,真理与效用是两个不同的东西,真理先于效用,解释效用,而绝不能通过效用来解释。因此,我们的论敌首先要确立的一点是,真理观念包括某个不同于效用并且先于效用的东西。由于观念的对象是另外一个东西,并且通常先于观念,大多数理性主义者就以此为借口,公然指责我们否认它。这给旁观者留下这样一个印象——因为我们不能合理地否认对象的存在——我们对真理的解释也就破产了,我们的批评者已经把我们打败了。尽管我在本书的许多地方都在反驳这种诋毁性的指责,即指责我们否认实在的存在,为了强调起见,我在这里还是要重申,对象的存在(如果一个观念"确实"在对它进行判断)正是观念在无数情况下具有成效(如果它具有成效的话)的唯一原因;如果我们不是用"真理"这个词指观念,而是指对象的存在,那么有用的观念之真理固然要通过对象的存在来解释,而那些无用的观念之虚假也要通过对象的存在来解释,这至少可以说是对语言的滥用。

我发现一些成就卓著的对手也常犯这种滥用语言的错误。不过,一旦我们形成正确的语言习惯,让"真理"这个词表示观念的性质,不再让它与认识对象神秘地联系在一起,那么我相信我们就为讨论彻底经验主义本身开辟了一条康庄大道。一个观念的真理只是意指它的效用,或者意指这观念中某种按照一般心理学规律产生这些效用的东西;它既非意指观念的对象,亦非意指观念中任何"跳跃的"(saltatory)、不能以来自经验的词语描述的东西。

在结束这个序言之前,我再说明一点。有时人们会在杜威、席勒和我之间做出一种区别,似乎我设定对象的存在,是在向世俗的偏见让步,而他们作为更彻底的实用主义者则拒绝做出这种让步。就我对他们二位的理解而言,我们三人都绝对承认在真理-关系中对象(只要它是一个可经验的对象)对于主体的超越性。尤其是杜威,他不厌其烦,一直声称我们的认知状态和认知过程的全部意义就在于它们参与控制和重估那些独立的存在或事实的方式。如果没有我们的观念所解释并加以改变的那些独立的存在,他对知识的解释就不仅荒谬,而且毫无意义。但是,由于他和席勒拒绝讨论完全超越-经验意义上的"超越的"的对象和关系,他们的批评者就猛烈抨击他们著作中的一些表述,以此表明他们否认在经验领域内还有观念之外的对象——而这些观念是宣称它们在那里存在的。① 这似乎令人难以置信,那些有教养、显然也有诚意的批评者竟然如此不了解他们对手的观点。

导致这么多人误会的原因可能还有这样一个事实,即席勒、杜威和我论述的世界范围的大小各有不同,一个人明确设定的东西,另一个人只是暂时含蓄地暗示,而读者却因此认为它被否定了。席勒的世界是最小的,基本上是一个心理学的世界。他只从一种东西即真理-主张(truth-claims)出发,但是他最终被引向了它们所判断的独立的客观事实,因为在所有主张中最成功地被确证的主张就是这些事实确实存在。我的世界基本上更偏向认识论的世界。我从两种东西出发,即客观事实和真理主张,并指出在事实存在的情况下哪些主张将作为事实的替代而成功地发挥作用,哪些则不能。我称前一类主张为真。杜威的世界,就我所知,是我们三者中最大的,但我不想描述它的复杂情况。只说一点就够了,他与我一样坚定地承认那些独立于我们判断的对象。如果我说错了,他会给我指正。在这个问题上,我不希望别人给我指正。

在下文中,我不打算——讨论我的真理观的所有批评者,例如,

---

① 就卡维斯·里德(Carveth Read)教授的认识论而言,他已加入实用主义阵营,我对此深表欢迎。参见他那本思想犀利的著作《自然的形而上学》(*The Metaphysics of Nature*)(London, Black, 1908),第2版,附录A。弗朗西斯·豪·约翰逊(Francis Howe Johnson)的著作《何谓实在?》(*What is Reality?*)(Boston, 1891)——我最近修改本书的校样时才看到它——出色地预见了后来的一些实用主义观点。最近出版的欧文·E. 米勒(Irving E. Miller)的著作《思想心理学》(*The Psychology of Thinking*)(New York, Macmillan Co.,1909)是迄今为止出版的最有说服力的实用主义文献之一,尽管书中没有使用"实用主义"这个词。另外,我不能不提及 H. V. 诺克斯(H.V. Knox)的一篇思想敏锐的文章,它刊载于1909年4月号的《每季评论》(*Quarterly Review*)上。

没有论及泰勒（Taylor）、洛夫乔伊（Lovejoy）、加德纳（Gardiner）、贝克韦尔（Bakewell）、克莱顿（Creighton）、希本（Hibben）、帕罗迪（Parodi）、索尔特（Salter）、卡勒斯（Carus）、拉兰德（Lalande）、曼特雷（Mentré）、麦克塔格特（McTaggart）、摩尔（G. E. Moore）、莱德（Ladd）等先生，尤其是没有考虑那位曾发表过可笑的社会学怪论《反实用主义》(*Anti-pragmatisme*)的辛茨（Schinz）教授。我感到其中一些批评者竭尽全力也无法理解他们试图反驳的观点。他们的大部分反对意见，我想我已料到，并已在本书中给予了回答；所以这里就不再重复啰嗦了，相信这样会受到读者欢迎。

(马萨诸塞州)剑桥市欧文街95号
1909年8月

1. 认知功能[①]

本文探讨的是认知(cognition)，借用沙德沃斯·霍奇森(Shadworth Hodgson)先生的读者所熟悉的一个区分来说，不是探讨"它是怎么来的"，而是探讨"它是什么"。不论是否存在与大脑动态相连的"灵魂"，我们所说的认知行为显然是通过我们所说的大脑及其活动来实现的。但是本文既不涉及大脑也不涉及灵魂。在本文中，我们只是假定认知是以某种方式产生的，并将我们的探讨限于这样的问题：它包括什么成分，包含什么要素。

认知是意识的一种功能。因此它所包含的第一个因素就是认知得以发生的意识状态(state of consciousness)。我在别处曾用"感觉"(feeling)一词统称所有主观的(或不涉及其可能具有的功能的)意识状态，因此我要说，无论认知行为可能包含什么成分，它至少包含一个感觉的存在。(当前人们对"感觉"这个词有一种反感，如果读者也有这种心理，在下文遇到它时，你可以用从前洛克所用的广义的"观念"一词来替代，或者用一个笨拙的短语"意识状态"来代替，也可以用"思想"[thought]一词来代替。)

[①] 本文曾于1884年12月1日在亚里士多德学会(Aristotelian Society)宣读，首次刊载于1885年的《精神》(*Mind*)杂志第十卷。本文和其后诸篇文章都曾在文字上略有修正，主要是删除冗余的文字。

这里需要指出的是，人类普遍认为，有些感觉具有认知功能，有些感觉只是简单的事实——具有主观的或者甚至可以说是物质的存在，但并不具有它们作为认识的构成部分时所具有的那种自我-超越(self-transcendent)的功能。我们的任务再次限定于此。我们不是要问"自我-超越如何可能"？我们只问"常识如何确定某些感觉不仅可能具有而且现实具有自我-超越的功能？常识根据什么标准将这些感觉与其他感觉区分开来"？简言之，我们的研究属于描述心理学的一部分，仅此而已。

孔狄拉克(Condillac)通过他著名的雕像假说进行过与此类似的探讨，他假设一个雕像先后被赋予各种不同的感觉，其中第一个感觉被假定为一种芳香。但是我们不这样做。为了避免与起源问题产生任何纠缠，即使我们假想的感觉也不要赋予一个雕像。相反，我们假定它既不依附于任何物质，也不局限于空间的任何地方，而是在上帝的直接的创造性命令之下，在真空中摇摆。为了避免在其"对象"的物理性质或心理性质问题上纠缠不休，我们也不把它叫作芳香的感觉或任何其他确定类型的感觉，而只是假设它是一个感觉 q。它在这个抽象名称下的状况，正如读者所能设想的它在任何特殊的形态下(例如芳香、疼痛、坚硬)的状况。

现在，如果这个感觉 q 是上帝的唯一创造物，它当然就构成了整个宇宙。为了避免那批人——他们认为永远这样感觉等于不感觉(semper idem sentire ac non sentire are the same)[①]——的吹毛求

[①] 这里顺便指出，这种意义上的"认识的相对性"乃是最怪异的哲学迷信之一。若说有什么事实支持这个观点，那只能是神经组织的某些特性——兴奋太久会导致衰竭。但是，一些持续多日的神经痛患者非常肯定地告诉我们，这条神经定律并（转下页）

疵，我们让这感觉的存在时间像他们所愿意的那样短暂，这个宇宙只需存在一瞬间。由此，我们所谈论的这个感觉就变得十分渺小短促，而它在认知功能方面所发生的一切，都必定发生于其转瞬即逝的生命中——我们还应注意，这个生命没有其他的意识瞬间，无论是在此之前还是在此之后。

现在，这个小小的感觉独自处于宇宙中——我们假设上帝和我们这些心理学评论家都不在这个宇宙里——试问我们能说它有什么认知功能吗？它要进行认识，须有某个被认识者。根据现在的假设，有什么呢？有人可能会说"这个感觉的内容 q"。可是，把它叫作这个感觉的性质而不叫作这个感觉的内容，不是更合适吗？"内容"这个词不是意味着，这个感觉已经将自身定位成一个不同于其内容（作为对象）的行为了吗？那么，如此仓促地假设一个感觉的性质 q 与这性质 q 的一个感觉是同一个东西，是否就很妥当呢？到目前为止，性质 q 是一个完全主观的事实，它可以说是这个感觉内生的或者包含于其中的。对于这样一个如此简单的事实，如果有人想冠以"认识"之名，那当然谁也无法阻止。但是，我们认为还是应该采取通常的用法，把认识这个名称只用于对"实在"的认知，"实在"意指独立于对其认知的感觉而存在的事物。如果这感觉的内容在这感觉之外的宇宙中无处可见，并且随这感觉一起消亡，那

（接上页）非那么严格。如果我们根据自然规律能够得到一个永远不变的感觉，那么有什么逻辑的或心理的论据来证明它不可能在它存续期间一直被感觉到并且一直被同样地感觉到？那种与之相反的偏见似乎是基于这种理由，即我们不愿意相信这样一个愚笨的感觉会必然存在，不愿意承认它会永恒存在。它是一个不间断的直接认识（acquaintance），但并不导向"关于……知识"（knowledge-*about*），这就是它的情况。

1. 认知功能

么通常的用法就不把它称为实在，而把它看成这感觉之构成的主观特征，或者充其量看成这感觉的梦境。

这个感觉要进行这种特定意义上的认知，必须是自我-超越的；我们必须劝上帝在它之外再创造一个实在，以与其内在性质 q 相契合。只有这样，它才能从唯我论的困境中解脱出来。现在，如果新创造的实在与这个感觉的性质 q 相似，我们就可以认为这个感觉认识这个实在。

我的这第一个论点肯定会受到攻击。但在为它辩护之前，我先说一句。"实在"是我们称一个感觉具有认知功能的理由；但是我们称某个东西为实在，理由又是什么？唯一的回答是——当前的批评者或探讨者本人的信仰。在他生命中的每一个时刻，他都会发现自己总是信仰某些实在，即使他今年的实在在明年被证明为只是他的幻想。一旦他发现他正在研究的这个感觉在思考他自己所认为的实在的时候，他当然必定承认这个感觉自身确实是认知的。这里我们自己就是批评者；以这种相对的暂时的方式看待实在，我们会发现我们的负担大大减轻了。每一门科学都必须做出一些假设。认识论者（Erkenntnisstheoretiker）也是会犯错的凡人。当他们研究认知功能时，他们是借助自身的认知功能来进行的。既然我们知道喷泉不能超过它的源头，我们就应承认，我们在这一领域的研究结果会受到我们自己可能犯错的影响。我们最多只能说，我们关于认知的说法与我们关于其他任何事物的说法一样真。如果我们的听众同意我们关于"什么是'实在'"的说法，他们也许也会同意我们关于"认识实在的方式"的学说。我们的要求只能到此为止。

我们的术语应遵循这种精神。任何一个感觉，如果我们认为它的性质或内容既不存在于其外部也不存在于其内部,那么我们就否认它有认识功能。如果我们愿意,我们可以把这感觉称为梦;稍后我们还要再看看我们是否可称之为虚构或错误。

现在我们言归正题。有些人会立刻大叫:"实在怎能与感觉相似?"在这里,我们发现我们用代数字母 q 来命名这感觉的性质是多么明智。我们给每个人以自由,无论他认为何种东西能够相似于该感觉,他都可以假设它为实在——如果不是外在的东西,可以是与第一个感觉类似的另一个感觉,例如,评论家心中的纯粹感觉 q。通过这种方式,我们绕过了内心状态与外部实在之间相似问题上的所有困难。由此,我们回避了这个反驳,现在转向另一个肯定会被人提出的反驳。

它来自这样一些哲学家,在他们看来,"思想"——对于事物的关系的认识——是精神生活的全部要素;他们认为单纯的感觉意识等于没有意识,有时从他们的表述来看,甚至还不如没有意识。例如,现在那些声称追随康德与黑格尔而非英国哲学前辈的人,他们口中经常会有这样一些说法:"一个知觉,如果脱离其他所有知觉,'离开了那个我们称为心灵的东西',缺乏一切关系,没有任何性质,那么它简直就是无;我们无法思考它,就像我们无法看见虚空。""它自身转瞬即逝,无法命名(因为当我们给它命名的时候,它已经变成了另一个东西),出于同样的原因,它是不可知的,是对可知性的否定。""只要从我们认为实在的东西中除去一切由关系构成的性质,我们会发现无所留存。"

尽管类似的说法在格林(Green)教授的著作中简直举不胜举,但是它们宣扬的学说荒谬绝伦,不值得——罗列。我们那个小小的感觉,从认知的角度来看,无论它是什么,无论是一点知识还是一个梦,肯定不是心理上的零(psychical zero)。这是一个十分确定和完全合格的内在事实,有其自身独特的面貌。当然,它与许多心理事实不同。如果 q 是一个实在,它对 q 只具有最低限度的知识。它既不确定 q 的时间,也不确定 q 的地点。它既不给 q 分类,也不给 q 命名。它既不知道自己是一个感觉,也不将自己与其他感觉进行对比,也不估计自己的存续时间或强度。简而言之,如果它仅此而已,那么它就是一个最哑默、最无能和最无用的东西。

既然我们必须用如此多的否定词来描述这感觉,既然它关于它自己和其他事物都无所述说,我们凭什么否认它是心理上的零呢?说到底,"关系论者"不是正确的吗?

在看来非常浅显的"关于"一词中,就包含着这个谜题的答案;坦率地说,这是一个十分简单的答案。如果我们从约翰·格罗特(John Grote)那本很少被人引用的著作《哲学探索》(*Exploratio Philosophica*, London,1865)中摘引第 60 页的一段话,那将最有助于引导我们理解这一答案。

格罗特写道:"我们可以用两种方式来看我们的知识,换言之,我们可以通过双重方式来谈论知识的'对象'。"也就是说,我们可以这样使用语言:我们知道某物、某人等;或者我们可以这样使用语言:我们知道关于该物、该人等的某某事情。一般说来,语言遵循其固有的逻辑本能,区分知识概念的这两种用法,一种是知觉(γνῶναι, noscere, kennen, connaître),另一种是理解(εἰδέναι, scire, wissen, savoir)。从知识的来源看,我们也许更应把前者看作我所说的现象的知识——它是关于被认识者的直接知识或亲历

(familiarity)知识;这种知识也许更类似于现象性的身体联系,不像另一种知识那样是纯理智性的;我们对于一个事物所具有的这种知识是通过它向我们的感官显现或者通过它在图画或文字中的表象而获得的,它是一种表象(Vorstellung)。另一种是我们通过判断或命题表达的知识,它通过概念(Begriffe or concepts)而不需任何想象性的表象来体现,从来源看,它是一种更具理智性的知识。只要我们在表述知识(无论何种知识)时不在同一个命题或推理中混用这两种方式,我们便没有理由拒绝使用它们中的任何一种。

显然,如果我们假设的感觉 q 只是单纯的直接认识类型的知识(如果它算知识的话),要想从它那里获得关于任何事物的、甚至是关于它自身的任何陈述,那就如同古人所言,是想从公羊身上挤出羊乳。如果我们只因不能从它那里获得任何陈述而称之为心理上的零,那就如同我们只因不能从公羊身上挤出羊乳而宣称所有的羊都不泌乳一样,是没有道理的。但是黑格尔学派竭力将简单感觉排斥于哲学认知范围之外的做法,正是建立在这样一个错误观点之上。他们总是以感觉"默然无语"、不能做出任何"陈述"[①]为理由而认为感觉没有意义,认为知识论者有理由不相信它们的存在。"指称"(Significance)作为其他心理状态的标志,被他们看成我们所有心理状态的唯一功能;基于这样一种认识,即我们这个小小的原始感觉尚未有这个意义上的指称,他们因此很容易会说,首先它是无意义的,其次它是无意识的,然后它是空的,最后给它贴上荒谬和不可接受的标签。但是,如果在这场大清洗中,一切直接的认

---

① 例如,参见格林为休谟的《人性论》(*Human Nature*)所写的"序言",第36页。

识都不断落入、落入、落入"关于……知识",最后,"关于"的知识所"关于"的那些事物都一个不剩的时候,所有的"指称"不也就全都消失了吗?当我们的"关于"事物的知识臻于前所未有的复杂完美程度时,我们不是必定需要对那些与之同在并且密不可分地混合在一起的、它所关于的什么事物有一些直接认识吗?

我们这个假设的小小感觉就提供了一个什么;如果其他感觉接着产生,并且记住了这第一个感觉,它这个什么就成为某个"关于……知识"或某个判断的主词或谓词,认识它与其他的什么——其他感觉认识的东西——之间的关系。至此,这个哑默的 q 才会得到一个名称,不再哑口无言。但是正如逻辑学学者所知,每个名称都有其"外延"(denotation);外延总是指一些实在或内容,这些实在或内容没有外在关系或者只具有未加分析的内在关系,就像我们最初的感觉所认识的那个 q。如果我们不是预先对这类"事实"或这类内容有直接的认识,任何表示关系的命题都是不可能的。无论这 q 是芳香,还是牙疼,还是某种更复杂的感觉,例如蓝色夜空中满月的感觉,它都必定首先以这种简单的形式出现,并且被保持在这最初的意向中,然后才可能有关于它的知识。关于它的知识是它加上一个背景(context)。如果取消了它,所添加的东西也就不可能成为背景了。①

---

① 如果 A 进来,B 大声问他:"你在楼梯上看见我哥哥没有?"我们都认为 A 可以回答:"我看见他了,但不知道他是你哥哥";不知道兄弟关系,并不因此就否定看的能力。但是,有些人因为我们所认识的第一个事实为非关系性的事实,就否认它能"被"我们"认识";根据这个逻辑,他们应该说:如果 A 不知道楼梯上那个人与 B 的关系,那么他根本不可能看到那个人。

关于这个反对意见，我们就不多说了，让我们这样扩展我们的论题：假设宇宙中除了这感觉中的 q 之外还有一个 q，感觉 q 可能对这个抛向它的实体有一个直接认识；而且，这一直接认识作为单纯的直接认识，很难想象会有改进或增加的可能，它就其自身而言是完备的；它迫使我们（只要我们不反对将直接认识称为知识）说，不仅这感觉是认知的，而且感觉的所有性质——只要在它们之外存在与其相似的东西——都是对存在的性质的感觉，是对外在事实的知觉。

我们将会看到，证明这第一个感觉的认知功能的关键在于发现 q 确实存在于这感觉之外。如果没有这个发现，我们就不能确定这个感觉是认知的；如果在这感觉之外没有发现任何东西，我们只能把这感觉称为梦幻。但是这感觉自身并不能做出这个发现。它自己的 q 是它把握的那唯一的 q；它自己的本质并非一个随着添加或去除这超越自我的认知功能而改变的粒子。这个认知功能是附加的，是综合的而不是分析的，发生于其存在之外而非其存在之内。[①]

一个感觉进行感觉时就像一支枪发射时一样。如果没有什么被感觉到或被击中，它就只是无的放矢（ins blaue hinein）。但是，

---

① 把这么重要的功能称为附加的，这似乎有些奇怪，但我看不出我们还能有其他什么说法。正如我们从实在出发追问它如何被认识时，我们只能回答，通过一个感觉——它以其私下的方式重构这实在；同样，如果我们从感觉出发追问它如何进行认识时，我们只能回答，通过一个实在——它以其公开的方式重构这感觉。然而，无论在哪种情况下，作为出发点的基本事物都始终如一。关于感觉的性质与性质的感觉之间的区别，关于接受某一实在的知识与重构某一实在的知识之间的区别，人们容易迷失于微妙的文字而难以分辨。但是最终我们必须承认，真正的认知概念包含一种无中介的（unmediated）二元论：认识者与被认识者的二元论。参见鲍恩（Bowne）所著《形而上学》（*Metaphysics*）（New York, 1882）第 403—412 页，以及洛采（Lotze）的著作的有关章节，例如他的《逻辑学》第 308 节（*Logic*, § 308）。（"无中介的"一词用得不妥。——1909 年著者注）

1. 认知功能

如果对面出现了某个东西，它就不仅仅是发射或感觉，而是击中和认识了。

但是，这里产生了一个比迄今任何反对意见都更加糟糕的反对意见。我们这些评论家在一旁观察，看到了一个实在的 q 和一个感觉 q，因为这两者彼此相似，我们就说其中一个认识另一个。但是，在我们知道感觉 q 代表或表象这个实在的 q 之前，我们有什么权利这样说呢？假设这个论域中不是只有一个 q 而是有多个实在的 q。如果那支枪发射并击中目标，我们很容易看到它击中了其中的哪一个。但是我们如何能辨别这感觉认识的是哪一个 q 呢？它认识它所代表的那一个。但是它究竟代表哪一个呢？它在这方面并没有明确的指向。它只是相似；它与所有的 q 都无差别地相似；但是相似自身并不一定意味着表象或代表。鸡蛋都彼此相似，但是它们并不因此而表象、代表或认识彼此。如果你说这是因为它们都不是感觉，那么请想象另一种情况：这个世界除了牙疼——它们是感觉——之外什么都不存在，它们彼此完全相似，它们是否因此就更好地认识彼此？

q 作为一个像牙疼那样的单纯性质与其作为一个具体的个别事物是迥然不同的。实际上，并无标准来判断这个单纯性质的感觉是否表象它。这感觉除了与这性质相似之外，什么也做不了，原因很简单，因为它不可能对一个抽象性质做什么。这样一个没有背景、没有环境、没有个性化基础的性质，一个没有行为的本质，一个柏拉图式的理念，甚至这样一个性质的复制版本（假设其可能），是无法辨识的，无论这感觉代表该性质的这个版本或那个版本，还是它根本不代表该性质而只是与其相似,都没有产生任何标志,没有改变任何结果。

现在,如果我们允许这性质 q 果真有多个版本,给这性质 q 的每一个版本都设置一个背景,将它们相互区别开来,然后我们可以通过把我们的相似原则也延伸到背景,来解释这感觉认识它的哪一个版本。我们说这感觉最精确地复制了哪个 q 的背景,它就认识那个特殊的 q。但是,从理论上讲这里仍有疑问:重复与巧合,是不是知识?那支枪通过击碎一个 q 来显示它指向和击中的是哪一个 q。除非感觉能通过同样明白的标志告诉我们它指向和认识哪一个 q,我们为什么不能自由地否认它指向或认识某一个实在的 q,为什么我们不能断言它与那实在的关系只是一种"相似"关系?

嗯,事实上,每一个现实的感觉确实都像那支枪一样明白地向我们显示它指向哪一个 q;实际上,在具体情况下,这问题是由我们迄今所未曾谈到的一个因素决定的。让我们从抽象转到可能的事例,并请求我们的方便之神(deus ex machina)为我们构造一个更丰富的世界。例如,请他让我做一个梦,梦到某个人死了,同时他让这个人真的死了。我们的实践本能将如何自行决定这是对该实在的一个认知,抑或仅仅是一种与梦相似的实在与我的梦之间的奇异巧合?这类让人费解的案例正是"心灵研究会"(society for psychical research)忙于搜集并试图以最合理的方式加以解释的东西。

如果我的这个梦是我平生仅有的梦,如果梦中死亡的背景在许多方面都与那实际死亡的背景不同,如果我的梦并未使我对那死亡采取任何行动,那么毫无疑问,我们都会说这是一个奇异的巧合,除此之外，别无解释。但是，如果这个梦中的死亡有很长的背景，与那实际死亡的每一个特征都悉数相符；如果我经常做这样的梦，而且它们与实际发生的事情完全吻合，并且当我醒来时，习惯于把它们当成真的一样立即采取行动，因此比他人先行一步，那么我们十之八九要承认，我有某种神秘的预感能力，我的梦以一种不可思议的方式指向它判断的实在；而若说它们是"巧合"，则未触及问题的根本。如果我在梦中表现出我有能力干预实在的进程，并按照我梦想的那样左右实在进程中事件的变化，那么任何人所持的疑虑就都会烟消雾散了。至少可以肯定，我的那些醒着的批评者和梦中的我在处理同样的事情。

人们总是这样来判断这类问题的。梦对实在世界产生的实际效果，以及这两个世界之间的相似程度，这是人们自然要采用的标准。① 所有感觉都是为了行动，所有感觉都会导致行动，这些真理

---

① 当然，一个彻底的反对者也许仍然会说，即使我们承认一个梦完全反映了这个实在世界，并且梦中的所有行动会立刻在这个世界中再现，我们仍然可以说它们只是和谐一致，至于这梦境世界是否指称它所详尽摹写的实在世界，依然是不清楚的。这种反对意见让人深陷形而上学。我并不质疑它的重要性，说句公道话，如果不是我的同事约西亚·罗伊斯（Josiah Royce）博士的学说，我难以领会这一反对意见的分量，也不可能使我自己的实践的观点和心理学的观点如此清晰。不过，我在这里还是坚持我的那个观点；但是我希望罗伊斯博士的那篇对于认知功能更深入的批评不久能够发表。[（这里指的是当时罗伊斯博士即将出版的《哲学的宗教方面》(*Religious aspect of philosophy*)。这部让人震撼的著作认为，指称（referring）概念涉及一个无所不包的精神概念，它既拥有实在 q 也拥有心中的 q，并将后者明确作为前者的表象符号。当时我无法反驳这个先验论观点。后来，主要是通过米勒（D. S. Miller）教授的影响——参见刊载于《哲学评论》(*Philosophical Review*) 1893 年第二卷第 403 页上的他的论文"真理与错误的意义"（"The meaning of truth and error"——我领会到任何确定的可经验的效用都完全可以像绝对精神的意向那样作为认识的中介。）]

在今天已无需任何论据来证明了。但是,通过自然的一种最奇妙的安排——我们可以认为它是一种非同寻常的安排,我的感觉也作用于我的批评者世界里的实在。除非我的批评者能证明我的感觉并未"指向"它所作用的那些实在,否则他怎么能继续怀疑他和我都认识同一个实在的世界呢?如果这行动是在同一个世界进行的,那一定是这感觉意指的世界;如果它是在另一个世界进行的,那就是这感觉在心中拥有的世界。如果你的感觉在我的世界里没有产生任何结果,我就说它与我的世界是完全分离的,我称之为唯我论,称它的世界是一个梦的世界。如果你的牙疼没有使你像我患牙疼时那样行动,甚至没有使你像我这样作为一个独立的存在而行动;如果你既不对我说"我现在知道你有多痛苦了!"也不告诉我任何治疗的方法,那么我就否认你的感觉——不管它多么像我的感觉——真的认识我的感觉。它没有任何认知的标志,而若要我承认它有认知功能,这样的标志是绝对必要的。

在我能够认为你意指我的世界之前,你必须首先影响我的世界;在我能够认为你意指我的世界的很大一部分之前,你必须首先影响我的世界的很大一部分;在我能够肯定你像我一样意指我的世界之前,你必须首先像我处在你的位置时那样影响我的世界。只有如此,我作为你的评论者,才乐于相信,我们不仅在思想同样的实在,而且在同样地思想这实在,并且都在思想这实在的很大一部分。

如果他人的感觉对我们的世界没有产生任何实际影响,我们绝不会觉得他人的感觉存在,当然,我们也不会发现我们自己像在这篇文章中所做的那样充当评论者的角色。自然界的构成非常奇

1. 认知功能

特。在我们每个人的世界里都有一些被称为人体的物体,他们到处活动,并作用于这世界里的所有其他物体,他们行为的原因,大体上与我们处在他们的位置时我们行为的原因一样。他们使用语言和手势;而如果我们使用这些语言和手势,其背后一定包含着思想——不只是一般的思想,而是非常确定的思想。我想你们都有火的一般概念,因为我看到你们就像我一样对待我房间里的这盆火——拨弄它,靠近它,等等。这就必然让我相信,如果你们感觉到了"火",这就是你们感觉到的火。事实上,每当我们把自己变成心理评论家时,我们绝非通过发现一个感觉与哪个实在"相似"来知道它意指哪个实在。我们总是首先意识到它意指哪一个实在,然后我们再假定它与那实在相似。我们看到彼此都看着同样的物体,都指着它们,都以各种方式翻转它们,于是我们希望并相信我们几个人的感觉都与实在相似,并且彼此相似。但从理论上讲,这是一件我们永远不能确定的事情。不过,如果一个暴徒在袭击和殴打我的身体,我却煞费心思去猜测,他所想的我的身体是否与我的身体相似,或者他真正想欺侮的身体是否他心目中与我的身体完全不同的某个身体,这在实践上是一种病态的疑虑。实践的观点不会理会这种玄想。如果他心里想的不是我的身体,为什么我们称它为一个身体?我根据[我的身体]所发生的事情将他的心推断为一个名词;如果我做出这推断之后,这名词与那使我做出这推断的身体脱离了联系而与另一个根本不属于我的身体联系起来,那么这个推断就完全不成立了。不管这一形而上学之谜,即我们两人——那暴徒和我——的心灵如何能够意指同一个身体,人们只要看到彼此的身体共享同一个空间,脚踏同一片土地,溅起同样的水花,让同样的空气产生共鸣，做同样的游戏，同盘而食，实际上就永远不会相信有多个唯我论的世界。

但是，如果一个心灵的行动对另一个心灵的世界未产生任何影响，情况就不同了。在诗歌和小说中就有这种情况。例如，人人都知道《艾文荷》(Ivanhoe)，如果我们只关注单纯的故事，而不考虑其创作事实，绝大多数人会立刻承认，有多少知道这故事的人，就有多少不同的艾文荷。① 所有这些艾文荷都相似，这一事实也不足以否定这一看法。但是，如果一个人在他的版本中做出一些改动，便立刻在所有其他版本中产生反响，并使它们发生了改变，那么我们很容易同意，所有这些思想者都在思考同一个艾文荷，而且，不管它是虚构的还是非虚构的，它都成了一个他们这些人共有的小世界。

---

① 也就是说，并不存在实在的艾文荷，即使在沃尔特·司各特爵士(Sir Walter Scott)写这个故事的时候，他心里也没有实在的艾文荷。他心中的那个艾文荷只是这许多唯我论的艾文荷中的第一个。当然，如果我们愿意的话，我们可以使之成为实在的艾文荷——通过把沃尔特·司各特爵士本人作为实在的艾文荷的作者，使两者成为一个复杂对象——然后根据其他的艾文荷是否指称它和相似于它，而说它们认识它或者不认识它。可是这个对象已不是一个单纯的故事。它与所有读者共同经验的世界已具有了有机联系。沃尔特·司各特爵士的艾文荷既已印成我们所有人都可以买到的书，我们便可以参照其中任何一卷来看我们的哪一个版本的艾文荷是真的，即属于司各特本人的版本。我们可以看到手稿；简而言之，我们可以通过我们经验的这个实在世界中的许多途径和渠道追溯司各特心中的艾文荷——如果我们让这个故事中的人物脱离它的创作环境，那么无论是艾文荷还是丽贝卡(Rebecca)，无论是圣殿骑士(the Templar)还是约克的艾萨克(Isaac of York)，我们都无法做到这一点。所以我们在任何地方都可以进行同样的检验：我们能否从两个心灵的两个对象连续过渡到第三个对象——似乎是两个心灵共有的对象，因为每个心灵都感觉到另一个心灵对它产生的每一个改变。如果能够这样，前两个对象至少可以说是这第三个对象的衍生物；如果它们彼此相似，就可以认为它们指向同一个实在。

1. 认知功能

至此，我们可以重回我们的论题，并向前推进。我们仍然以 q 之名称呼实在，并让评论家的感觉保证它是一个实在，我们可以说，任何其他感觉只要既相似于 q，又指向 q——表现为它要么直接影响 q，要么影响评论家所知的与 q 相关的其他实在 p 或 r——都会被认为认识 q。简而言之：感觉 q 如果与一个实在相似，并且直接或间接作用于这实在，那么它就认识这实在。如果它与之相似但不对之产生作用，那是梦幻；如果它对之产生作用而不与之相似，则是错误。①

我担心读者可能会认为这个原理太微不足道了，太显而易见

---

① 这类错误包括这样一些情况：我们的感觉作用于一个实在，它与这个实在部分相似，但并不意指这个实在。例如，我想拿自己的雨伞，却误拿了你的。这里，不能说我认识你的雨伞，也不能说我认识我的雨伞，尽管我的感觉与后者更为相似。我把这两把雨伞都搞错了，没有弄清它们的背景，等等。

我们在上文中好像说评论者必然是一个心灵，而被评论的感觉是另一个心灵。但是，被评论的感觉与其评论者也可以是同一个心灵的先前感觉和后来感觉，在证明评论者和被评论者都指称和意指同一个东西时，我们在这里似乎可以放弃作用概念。我们认为我们直接看到了我们过去的感觉，知道它们指称什么，无须借助于"作用"。至少，我们总能确定我们当前的感觉的意向，并使之指称我们过去的任何一个感觉所曾指称的同一个实在。所以我们在这里不需要"作用"，就可以确定这感觉与其评论者意指同一个实在的 q。好吧，如果是这样的话，那就更好了！我们已经在上文解决了更复杂更困难的情况，这个比较容易的问题可以置之不理。当前的主要任务是专注于实际的心理学，而不去理会形而上学难题。

再说一句。人们会看到，我们的原理与费里尔（Ferrier）教授在他的《形而上学原理》（*Institutes of Metaphysic*）中所提出的、并且显然为费希特（Fichte）的所有追随者所遵循的伟大认知原理毫无契合之处。根据费里尔的这个原理，要构成认识，除了认识对象，还必须认识那进行认识的心灵：最简单的认识对象必定不是像我们所说的 q，而是 q 加上我自身。毫无疑问，就人类的常识而言，当它区分作为认识的意识状态与作为非认识的意识状态时，它绝不会采用这样的原理。所以，如果说费里尔的原理那也一定是与一般的形而上学的意识可能性有关，而与人们实际公认的认知意识的构成无关。因此我们在此对它不必深究。

了，不值得这样长篇大论，尤其是考虑到它唯一适用的情况是知觉（percepts），而似乎回避了符号思维和概念思维的整个领域。如果实在是一个物质性的东西或行为，或者是评论家的意识状态，只要我知觉到它，我既可以在我的心中反映它，也可以作用于它，当然，对于意识状态只能间接地作用于它。但是有许多认知，举世公认，它们既不反映也不作用于它们的实在。

众所周知，在符号思维的整个领域，我们既要意指特殊的实在、又要谈到特殊的实在、又要就特殊的实在得出结论——简言之，认识特殊的实在；但是我们的主观意识中并没有任何与之相似的东西，甚至略微相似的东西也没有。人们通过语言向我们表达它们，而语言除了其声音之外，没有唤醒任何意识；我们只是通过对它们可能具有的某种遥远背景的极模糊极零碎的一瞥，而不是通过对它们自身的直接想象，来认识它们是哪一些实在。这里，由于各人的想法不同，让我用第一人称来谈吧。我确信我目前思维中有一些语言来表达其特有的主观内容，这些语言之能被人理解，是因为它们指称某个——处于直接意识的边缘之外的——实在。关于这个实在，我意识到它更多地是存在于某个方向的终端，这些语言可能会导向但尚未导向这个终端。这些语言的论题或主题一般是某个东西，我在心中好像以背向它的姿势指向它，就像我确信某个东西在我身后，我头也不回，将拇指从肩上方，向后一甩，指向它一样。这些语言的结果或结论是这样一个东西——仿佛我欠身向前，同意其存在似的；尽管我心目所见可能只是与之相关的某个意象的片断，但是这片断的意象如果具有那种熟悉和实在之感，也会使我感到它所属的整个东西是合理的和实在的，应该是我认识的。

1. 认知功能

这是更大范围的认知意识,它与其认识对象没有丝毫相似之处。因此,我们在上文为我们的论题确定的原理必须进一步完善。我们现在可以这样表述它:一个知觉,如果它直接或间接作用于某个实在,并且与这实在相似,那么它认识这实在;一个概念性的知觉或思想,如果它现实地或潜在地终止于一个知觉,而这知觉作用于或相似于某个实在,或以其他方式与这实在或其背景相联系,那么它认识①这实在。这里作为终端的后一种知觉可以是感觉,也可以是感觉性观念(sensorial idea);当我说思想必定终止于这样的知觉时,我的意思是它最终必定能够引导到那里——如果这终端知觉是一个感觉,通过实际经验引导到那里;如果它只是心中的一个意象,则通过逻辑的或习惯的联想引导到那里。

我们举例来说明这一点。我打开我拿起的第一本书,读到我眼前的第一句话:"牛顿清楚地看到了上帝在天上的杰作,正像佩利(Paley)清楚地看到了上帝在动物界的杰作。"当我读到这句话时,我立刻回顾,试着分析一下我快速领会这句话的主观状态。首先,我有一个明显的感觉,即这句话易懂而合理,与实在世界相关。而且,在"牛顿"、"佩利"和"上帝"之间也有一种符合或和谐的感觉。我对于"天上"、"杰作"或"上帝"这几个词,并没有明显的意象;它们仅仅是些词而已。对于"动物界",我认为有一种对于剑桥市(我正在这里写作)动物学博物馆(可能是台阶的意象)的极模糊的意识。对于"佩利",有一种同样模糊的意识,对一本黑色小皮书的意识;对于"牛顿",则有一个脸部右下角垂着卷曲假发的鲜明形

---

① 是"关于"那个实在的不完全的"思想",那个实在是它的"主题"之类的东西。

象。这就是我在第一次意识到这句话的含义时所能发现的全部思想内容,如果我是在真正阅读这本书时看到这句话,而不是把它拿出来做实验的话,恐怕这些内容也不会全部出现。然而我的意识却真正是认知的。这句话是"关于实在"的,我的心理学评论家——我们一定不能忘记他——承认这一点,正如他承认我的独特感觉"它们是实在"以及我所默认的"我阅读的这句话总的说来是正确的",对我来说也是真的认识一样。

但是,我们凭什么来证明我的评论家也这样宽容呢?我的这个意识极不完备,组成它的那些符号既不与它们代表的实在相似,也未作用于它们,他如何能肯定这意识认识他自己心中所想的那些实在?

他之所以能肯定,是因为他曾在无数类似的情况下看到过,这种不完备的符号性思想通过自我延伸,终止于某些知觉,这些知觉确实改变了他自己的知觉,并且或许相似于他自己的知觉。它们的自我"延伸"意即,依照它们的趋向,遵循在它们之中新生的次序,沿着它们所指的方向去做,清除半影,廓清光晕,澄清边缘,这是它们的组成部分,在这中间是可知觉到的它们的主观内容的实质核心。因此,我可以在佩利方向上延伸我的思想,拿出棕色封皮的书,把其中有关动物界的章节拿给评论家看。我可以具体地给他看书中关于各种动物及其排序的部分,使他相信这些语言对我来说意指什么,对他来说也意指什么。我可以在牛顿方向上延伸我的思想,我可以拿出牛顿的一些著作和肖像,或者如果我追随假发的次序路线,我可以拿出十七世纪有关牛顿生活环境的许多材料,向我的评论家表明"牛顿"一词在我们两人心中具有同样的位置和关系。最

1. 认知功能

后，我可以通过行为和语言说服他，我所说的上帝和天上，以及两种杰作的类比，其含义与他所指的一样。

最后，我可以诉诸他的感觉来证明。我的思想能使我作用于他的感觉，正像他追索他自己知觉的效果时他自己作用于这些感觉一样。实际上，那时我的思想就止于他的实在了。因此，他欣然认为我的思想所指乃是他的实在，我的思想与他的思想（如果它与我的思想指向同一种符号性思想）实质上是相似的。他的信念的支点在于可感的活动，即我的思想引导我或可能引导我产生的结果——将佩利的书、牛顿的肖像等拿给他看。

归根结底，我们相信我们都在认识、思考和谈论同一个世界，因为我们相信我们的**知觉**是我们共同拥有的。我们之所以相信这一点，是因为我们每个人的知觉似乎都随他人知觉的改变而改变。我对你来说是什么，首先是你的一个知觉。但是，如果我突然打开一本书并拿给你看，同时发出一些声音，这些行为也是你的知觉，它们与你的那些由感觉促发的行为如此相似，以至于你难以怀疑我也有这种感觉，或者这本书是在我们两个人的世界里都被感觉到的一本书。究竟我们是否以同样的方式感觉到它，是否我对于它的感觉相似于你对它的感觉，这是我们永远不能确定的，但是我们认为这是此种情况下的最简单假设。事实上，我们从来不能确定这一点，而且作为认识论者（erkenntnisstheoretiker），我们只能说，两个彼此不相似的感觉不可能在同一时间以同样方式认识同一个事物。① 如果每个感觉都坚持自己的知觉是实在，它一定会说，另一

---

① 尽管两者可能都终止于同一个事物，都是"关于"它的不完全思想。

个知觉尽管指向这个实在,并且通过作用于这个实在来证明这一点,但是它并不相似于这个实在,因此它仍然完全是假的和错的。①

如果知觉的情况是这样,那么更高级的思想样式就更是如此了!即使在感觉领域里个体也可能大不相同。对于最简单的概念性要素进行比较研究,似乎会发现更大的差异。当谈到一般理论以及人们对生活的情感态度时,确实如萨克雷(Thackeray)所说,"我的朋友,你的头脑和我的头脑是两个不同的世界"。

究竟靠什么才能拯救我们,使我们不致在相互排斥的唯我论的混乱中走向支离破碎?我们不同人的心灵能够依靠什么来交流呢?别无他途,只能依靠我们的那些知觉性感觉(perceptual feelings)的彼此相似。这些知觉性感觉具有相互影响的能力;它们只是一些哑默的"直接认识-的-知识"(knowledges-of-acquaintance);它们必定相似于它们的实在,否则根本不可能正确认识这些实在。我们所有的"关于……的知识"必定都终结于"直接认识-的-知识",并且意识到这可能的终点是其内容的一部分。这些知觉、这些终端、这些可感觉的事物、这些单纯的"直接认识-的-材料"(matters-of-acquaintance),是我们直接认识的全部实在,我们思想的整个历史就是这样一个历史,即我们以其中一个实在替代另一个实在,以及将这种替代简化为概念性符号。尽管这些感觉被一些思想家蔑视,但它们却是心灵的孕育之地、停泊港湾、稳固

---

① 唯心论与实在论之间的差别在这里是无关紧要的。本文中所说的与这两种理论都不冲突。一种情况即我的知觉直接改变你的知觉,另一种情况即我的知觉先改变一个物质实在,然后这实在在改变你的知觉,前者的法则绝不比后者的法则更神秘。无论在哪种情况下,你和我似乎都结合成一个连续的世界,而不是形成两个唯我论的世界。

1. 认知功能

磐石、始与终的界限以及起讫之点。我们所有的高级思想都应以找到这样的感觉终端为目标。它们终结争论；它们消除知识上的虚伪的自负；如果没有它们，我们便不能理解彼此的思想。如果两个人对一个知觉采取同样的行为，那么他们便相信彼此对它具有同样的感觉；否则，他们会认为彼此对它的认识不同。在我们能够将问题付诸检验之前，我们永远无法确定我们是否理解彼此。[①]正因为如此，形而上学的争论总像与空气搏斗；它们没有一个可感的实际结果。另一方面，"科学的"理论总是终止于具体的知觉。你可以从你的理论推出某种可能的感觉，并且将我带到你的实验室，通过当场给我那种感觉来证明你的理论对我的世界是正确的。当然，概念的联系在真理上空的飞翔是美丽的。难怪一些哲学家仍然为之目眩神迷；也难怪他们以轻蔑的眼光看待理性之神所由之飞升的感觉低地。但是，如果她拒绝回归这大地上的直接认识，那么她就倒霉了；没有什么可保证她安然无事（Nirgends haften dann die unsicheren Sohlen）——随便一股狂风都会把她带走，使之像夜晚的热气球一样在星空中飘零。

附注：读者很容易看到，后来在《实用主义》一书中关于真理-

[①] "任何意义的差别都不会细微到完全不表现为实践方面的可能差异……因此，要达到（最高）程度的清晰理解，规则似乎是：考虑一下，我们认为我们概念的对象会产生哪些可能会有实际影响的效果。如此，我们所拥有的这些效果的概念就是我们拥有的这个对象的概念的全部意义。"——摘自查尔斯·S. 皮尔士（Charles S. Peirce）："如何使我们的观念清晰"（"How to make our Ideas clear"），原载1878年1月在纽约出版的《通俗科学月刊》（*Popular Science Monthly*）第293页。

功能(truth-function)的阐释,其中有多少已经在这篇先前的文章中明确提出了,又有多少是后来阐明的。在这篇先前的文章中,我们可以清楚地看到:

1) 实在外在于真观念;

2) 具有自己的信仰的评论家、读者或认识论者是这个实在存在的保证;

3) 可经验的环境,作为联系认识者与被认识者的载体或媒介(medium),产生认知关系;

4) 通过这个媒介而指向实在,是我们认识这实在的条件之一;

5) 相似于这实在,以至最后影响它,是指向它而非指向其他东西的决定因素;

6) 消除了"认识论的鸿沟",由此,整个真理-关系都包含在连续的具体经验之中,都由特殊的过程构成,这些特殊的过程随着每一个对象和主体而改变,并且能够详细地加以描述。

这篇先前的文章的缺点在于:

1) 过于突出"相似",[原因在于,]尽管这是正确认识的一个基本因素,但是常常被忽略;

2) 过于强调"作用于对象本身",[原因在于,]虽然在许多情况下它确实是我们指称那个存在的决定性因素,但是这种作用也常常缺失,或代之以作用于一些与对象相关的其他事物。

3) 对于广义的感觉或观念的可适用性(workability)概念——相当于令人满意的对于特殊的实在的适应(adaptation),它构成了观念的真理——的阐释还不够充分。正是这个更一般的涵盖了所有那些个别效用——诸如"指向"、"适合"、"作用"或"相似"——的可适用性概念，才是杜威、席勒和我本人的成熟观点的特征。

4) 在第 39 页，我把知觉看作实在的唯一领域。现在我把概念看作一个与知觉并列的领域。

下一篇论文代表了作者对这一主题的更全面的理解。

2. 印度的虎[①]

认识事物有两种方式：一种是直接地或直观地认识它们，另一种是以概念的方式或表象的方式认识它们。虽然像我们眼前的白纸这样的事物可以直观地加以认识，但我们认识的大多数事物，例如，此刻在印度的虎，或者经院哲学体系，都是以表象的或象征的方式认识的。

为了阐明我们的这些观念，我们首先看一个概念性知识的例子，例如，此刻坐在这里的我们对于印度的虎所具有的知识。我们说我们在这里认识印度的虎，这到底是什么意思？借用沙德沃斯·霍奇森虽不文雅但非常有用的说法，这个认知（我们很自信地称之为认知）被认识为（known-as）何种确定的事实？

大多数人会回答说，所谓认识印度的虎，意思是尽管虎的形体不在场，但是我们可以让它们以某种方式出现在我们的思想中；或者我们对虎的认识就是我们的思想对它们在场。这种奇特的不在场的在场（presence in absence）通常被视为一个巨大的谜团；而经院哲学——只是迂腐的常识——把它解释为虎在我们心中的一种奇特的存在，称之为意向性非存在（intentional inexistence）。至少

[①] 本文摘自作者在美国心理学会（American Psychological Association）所作的一个主席演讲，发表在 1895 年的《心理学评论》（Psychological Review）第二卷第 105 页。

2. 印度的虎

人们会说，所谓我们认识印度的虎，意思是我们坐在这里，心中指向它们。

但是在现在这种情况下，我们所说的指向是什么意思？这里的指向被认识为什么？

对于这个问题，我只能给出一个非常寻常的答案——这个答案不仅否认常识和经院哲学的偏见，而且也否认我所读过的几乎所有认识论作者的偏见。简而言之，答案是：所谓我们的思想指向印度的虎，这只是指那个跟随思想发生的一系列心理联系和运动结果，如果遵循这一过程，它们就会和谐地引导我们进入这些虎的某种观念的或实在的环境，甚至直接看到虎的出现。这意味着，如果有人将一只美洲虎作为印度虎来蒙混我们，我们不会认可它；只有真正的印度虎出现在我们面前时我们才会认可它。这意味着我们能够说出各种各样的、与那些有关真的印度虎的其他真命题不相抵触的命题。这甚至意味着，如果我们非常认真地对待这些虎，我们的行动会终结于我们直接直觉到的虎，如果我们为了猎虎的目的去印度，带回了许多我们收藏的带有条纹的虎皮，我们的行动就终结于我们直觉到的虎。在所有这些情况下，在我们自己拍摄的心理图像中并不存在自我-超越。它们是一个现象事实；虎是另一个现象事实；如果你承认一个连接性的世界存在，那么它们指向虎，这就是一种非常普通的经验内的关系。简而言之，用休谟的话说，观念和虎就它们自身而言是分散的和分离的，就像任何两个东西一样；这里，"指向"意味着一种外部的和外来的活动，与自然产生的任何活动一样。[①]

[①] 我们说，某块田地里的一块石头可能"适合"另一块田地上的一个洞孔。(转下页)

我想现在大家都会同意我的观点,在表象性知识中,并无特别的内在神秘,只有一个连接思想和事物的物质中介或精神中介的外部链条。这里,认识一个对象就是通过世界提供的环境来引导到它那里。我们的同行 D. S. 米勒于去年圣诞节在纽约会议上对所有这些观点做了极具启发性的阐述,它再次确认了我有时摇摆不定的观点,我应该向他致谢。①

接下来,让我们转到直接地或直观地认识某个对象的情况,假设对象是我们眼前的白纸。这里的思想-质料和事物-质料在本质上是难以区分的,就像我们刚才看到的一样,没有中介环境或连接环境处于思想和事物之间,将它们分离开。这里没有"不在场的在场",也没有"指向",而是思想对这张纸的全面占有;很明显,现在不能完全按照印度之虎作为认识对象时的情况来解释这种认识了。在我们的经验中充满着这种直接认识。有时我们的信念确实依赖诸如这张纸的白、平滑或矩形之类的终极材料。这些性质是真正终极的存在,还是只是我们在获得更好的认识之前采取的临时假设,这对于我们目前的研究来说是无关紧要的。只要我们相信它,就会面对面地看到我们的认识对象。那么,所谓"认识"诸如此类的对象,究竟是什么意思呢?如果我们对虎的概念性观念是以把我们引导至它的巢穴而结束的话,这也正是我们认识虎的方式吗?

这个发言不能太长,我必须长话短说。首先可以说:只要我们

(接上页)但是,只要没有人把石头搬到那里并把它投入那个洞孔,这种"适合"关系就只是这样一个事实的名称,即这个行为可能会发生。我们在此时此地对印度虎的认识亦是如此。它只是一个预期的名称,预期可能发生的进一步的联系过程和终止过程。

① 参见米勒(Miller)博士论真理与错误以及内容与作用的文章,载于 1893 年 7 月和 1895 年 11 月的《哲学评论》(*Philosophical Review*)。

2. 印度的虎

认为那张白纸或者我们经验的其他终极材料也进入了某个他人的经验，就我们对它的认识而言，我们在他那里认识它正如我们在这里认识它一样；如果我们把这张白纸仅仅看成那些隐藏在其背后的分子的面罩，这些分子不可能成为我们现在的经验，但有朝一日他人可能会揭示它们，那么这和印度虎的情况是一样的——我们缺少对于被认识者的经验，这种认识只能是通过世界提供的中介环境顺利地过渡到它们。但是，如果我们把自己对这张纸的个人感觉从其他事件中抽象出来，好像它自己构成了宇宙（这是完全可能的，因为就我们所知，并没有什么事物使它不可能单独构成一个宇宙），那么我们看到的这张纸和对它的看就只是一个不可分割的事实的两个名称，恰当地说，是材料、现象或经验。这张纸在心灵中，心灵包含这张纸，因为纸和心灵只是后来——由于同一个经验被带到一个更大的世界中，它成为这个世界的一个部分，它的联系被追溯到不同的方向——赋予这同一个经验的两个名称而已。① 所以，在

---

① 这意味着"经验"可以指两个大的联系系统中的任何一个，一个是经验者的心理历史的系统，另一个是世界上被经验事实的系统。它在这两个系统中都是组成部分，实际上它可以视为它们的交叉点之一。我们可以用一条垂直线代表心理历史，但同样的对象 O 也出现在其他人的心理历史中——由其他垂直线代表。因此，它不再为某个经验所私有，可以说成为了共有的或公共的东西了。我们可以用这种方式追溯它的外部历史，并用水平线来表示它。[它在垂直线上的其他各点也以表象的方式被认识，或者以直观的方式被认识，因此它的外部历史应该是弯曲而不规则的，但是为了简便起见，我把它画成直的了。]但是，无论在何种情况下，各组线上包含的质料都是相同的。

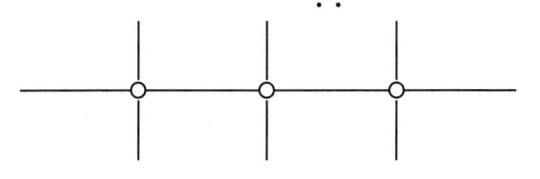

直接的或直观的认识中,心灵的内容与对象是同一的。这个定义非常不同于我们给表象性知识所下的定义;但是无论哪个定义,都不包含哲学家和普通人的知识观念中被视为基本成分的那些神秘的自我-超越概念和不在场的在场概念。①

---

① [读者会注意到,本文是基于朴素的实在论观点或常识观点来写的,以免引起唯心论的争论。]

3. 人本主义与真理[①]

收到《精神》杂志的编辑寄来的布拉德雷（Bradley）先生论"真理与实践"的文章校样，我知道这是对我的一个暗示，让我加入最近似乎已经正式开始的关于"实用主义"的争论。由于我的名字已与这场运动联系在一起，我认为接受这一暗示是明智的，特别是因为我在某些方面得到了过多的称赞，而在另一些方面则可能受到了不应有的诋毁。

首先，关于"实用主义"这个词。我本人只是用它表示一种进行抽象讨论的方法。皮尔士说一个概念的真正意义在于：它之为真，能在某个人那里造成具体的差别。只要你把所有争论的概念都诉诸"实用主义的"方法来检验，就能避免徒劳无益的争吵：如果两个陈述中的哪一个为真，都不会造成任何实际的差别，那么它们不过是同一个陈述的不同说法；如果一个陈述无论是真是假，都不会造成任何实际的差别，那么这个陈述就没有真正的意义。在这两种情况下，都没什么可争论的：与其徒费唇舌，不如做些更有意义的事情。

[①] 本文原载1904年10月出版的《精神》(*Mind*)杂志新号第十三卷第457页。此次重印，文字稍作改动。另有几句增补，采自《精神》杂志第十四卷的一篇论文"再论人本主义与真理"（"Humanism and truth once more"）。

因此，实用主义方法的全部含义就是真理须有实际的[①]效果。在英国，这个词的应用范围更广，它涵盖这样一个意思，即任何陈述的真理在于其效果，尤其是好的效果。这就完全超出方法的范畴了；既然我的实用主义和这个更广义的实用主义大不相同，而且两者都很重要，应该有不同的名称。席勒先生建议将更广义的实用主义称为"人本主义"，我认为这个建议非常好，应予采纳。狭义的实用主义仍然可以叫作"实用主义方法"。

在过去的六个月里，我读到许多对席勒和杜威的著作充满敌意的评论；但是，除了布拉德雷先生费尽心思的指控之外，其余的都与我的著述无关，而且我大多忘记了。我认为，由我自由地讨论这一论题，总比以争论的形式逐一反驳这些批评更为有益。尤其是布拉德雷先生的批评，可以由席勒先生来回应。他一再声称自己无法理解席勒的观点，显然他并未以同情的态度去理解，我深感遗憾的是，在我看来，他那篇煞费苦心的文章对这个论题完全没有提供任何有益的启示。总而言之，在我看来它是在胡拉乱扯（ignoratio elenchi），完全可以不予理会。

这个论题无疑充满了困难。杜威先生和席勒先生的思想显然是一种归纳，是对各种繁杂的特殊事例所做的概括。如果它为真，那么它也包括对很多传统概念的重述。这是一种理智的产物，当其刚被提出时绝不可能具有完满的表达形式。因此，批评者不应对其过于苛刻和吹毛求疵，而应全面权衡，特别是要与其他可能的方案

[①] ［所谓"实际的"（practical）当然是指特殊的，而不是说只能是物质上的效果而不能是精神上（mental）的效果。］

3. 人本主义与真理

进行权衡。还应尝试先将它应用于一个实例,然后再应用于另一个实例,看它如何发挥作用。在我看来,这显然不是——通过内在谬误或自相矛盾来定罪,或者通过剥肤去肉来丑化其形象——立即予以处决的案子。事实上,人本主义更像某种历经长期演变——这种演变"如同深水静流,不见喧嚣与泡沫"——而一夜之间出现在公众舆论面前的世俗变化,尽管人本主义的倡导者有各种粗糙与浮夸的缺点,但是人本主义思想存续下来了,你不能把它们固定于一个绝对本质性的表述,也不可能通过一击致命的方式杀死它们。

类似的变化还有:从贵族政体到民主政体,从古典主义风格到浪漫主义风格,从有神论的情感到泛神论的情感,从以静态的方式理解生活到以进化的方式理解生活——这些都是我们亲眼所见的变化。正统的学院派仍然对这类变化采取一击致命的方式进行反驳,说什么新观点包含自相矛盾或者违反了某个基本原则。这就如同在河中插棍断水一样。河水可以绕过这障碍物前行,并且"同样到达那里"。在阅读某些反对者的著作时,我不禁想起那些反驳达尔文主义的天主教作家,他们告诉我们,高级物种不可能来自低级物种,因为无不能生有(minus nequit gignere plus),或者物种演化概念是荒谬的,因为它意味着物种趋向于自我毁灭,而这违反了"每一实在都趋向于保持原状"的原则。这种观点太短视、太狭隘、太封闭,无法接受归纳论证。科学上的普遍概括在其早期总会遇到这类草率的反驳;但是它们能够经受这些反驳而存续下来,而那些反驳却变得异常落伍和迂腐。我不禁怀疑,人本主义学说目前是否正在经受这种自以为是的反驳。

理解人本主义的一个条件是让自己具有归纳思维,放弃严格的定义，遵循"总体上"阻力最小的路线。"换言之，"对手可能会说，"把你的理智变成泥浆"。对此，我的回答是："正是如此，如果你愿意使用不礼貌字眼的话。"对于人本主义来说，把更"真的"看成更"令人满意的"（杜威的用语），就必须真诚地摒弃直线式的论证和古老的严格而终极的理想。正是这种摒弃的气质——它与皮浪的怀疑主义截然不同——构成了人本主义的基本精神。满意与否须用多种标准来衡量，据我们所知，其中有些标准或许在任何情况下都不灵验；而比目前任何其他选择更令人满意的最终可能是许多加与减的总和，我们只能相信，通过将来的修正与改进，总有一天我们会在一个方面接近最大，在另一个方面接近最小。当一个人对信念的条件采取这种归纳的观点时，这意味着内心的真正改变，以及与绝对主义的期望分道扬镳。

根据我的理解，实用主义看待事物的方法之所以产生，缘于过去五十年旧的科学真理概念的瓦解。过去人们常说"上帝是研究几何学的"，人们相信欧几里得（Euclid）的原理精确复制了上帝的几何学。有一种永恒而不变的"理性"，它的声音回响在经院哲学的三段论式 Barbara 与 Celarent 之中。同样，"自然规律"像物理规律和化学规律也是如此，博物学分类亦是如此，所有这些都被认为是埋藏在事物结构中的、先于人类的、有待隐藏在我们理智中的灵感去发掘的原型之唯一精确的复制品。过去人们认为，世界的构造是合乎逻辑的，它的逻辑就是大学教授的逻辑。直到 1850 年左右，几乎每个人都相信科学所表达的真理乃是非人的实在中的固定密码之精确摹本。但近来各种理论的迅猛发展可谓打乱了这样一种看法，即某种理论确实比另一种理论更客观。我们有多种几何学，多种逻辑学，多种物理假设和化学假设，多种科学分类，每一种都有很大用处，但并非对一切事物都有用处，我们开始意识到，即使是最真的公式也可能是人类的发明，而不是对非人的实在的逐一誊写。我们听说科学定律现在被当作"概念的速记"，就其有用而言才是真的，并无原型。我们的心灵已经变得能够接受符号而不必是摹本，接受近似而不必是精确，接受可塑而不必是不变。"能量学"（Energetics）是这一科学人本主义的最新成就，它通过测量可感现象的宏观状态，用一个公式描述这些现象在所有"层面"的变化，这确实给我们留下了很大疑问：为什么世界与人的心灵之间如此奇妙地一致？但无论如何它使我们对于科学真理的整个看法变得比过去更加灵活更加亲切了。

我不相信，今天还有哪个领域——无论是数学、逻辑学、物理还是生物学领域——的理论家会认为自己是真的在重新编辑自然的过程或上帝的思想。我们思维的主要形式，主词和谓词的分离，否定判断、假言判断和选言判断，都纯粹是人类的习惯。正如索尔兹伯里勋爵（Lord Salisbury）所说，以太（ether）只是一个名词，动词使其波动；我们的许多神学观念，即使是那些称其为"真理"的人，也承认它们同样是人为的。

我想当前真理观的这些变化，正是推动杜威先生和席勒先生的学说产生的最初动力。如今人们普遍怀疑：我们的一个公式相对于另一个公式的优越性，与其说在于它真正的"客观性"，不如说在于它的有用性、它的"优美"或者它与我们的其他信念的一致性等主观性质。接受这些怀疑，以归纳的方式看待问题，我们便具有了某种人本主义的心态。我们认为，无论在何处，真理的意义都不是复制而是增加；不是根据原本完备的实在去构建心理的摹本，而毋宁是与实在合作，产生出更明确的结果。当然，这种心灵状态起初充满了模糊与模棱两可。"合作"一词就很模糊；它至少必须涵盖概念和逻辑排列。"更明确"一词更是模糊。真理必须带来明确的思想，还必须为行动扫清道路。"实在"是所有这些词中最模糊的。检验这一方案的唯一方法是将其应用于各种真理，以期达到一个更准确的表述。任何一个迫使我们进行这种审查的假设，即使它最终被证明不能成立，也有一个巨大优点：它让我们更好地了解整个论题。给这个理论足够的"绳子"，看看它最终是否会自缢，这比一开始就用自相矛盾这类抽象指控来扼杀它要好得多。因此我觉得，我暂时向读者推荐的态度应是，努力以同情的态度来对待人本主义。

当我以同情的态度对待人本主义时，我对它的意义的认识大抵如下。

经验是一个过程，它不断给予我们新材料来供我们消化。我们借助已有的大量信念从理智上处理它们，在不同程度上吸收、拒绝或重新排列它们。一些统觉观念是我们自己近来获得的，但是大多数属于人类的常识传统。在我们现在赖以生活的所有常识传统中，可能没有一个最初不是真正的发现，没有一个不是归纳的概括，就像新近发现的原子、惯性、能量、反射作用或适者生存等等观念一样。时间与空间作为单一的连续容器的概念；思想与事物之间的区别、物质与精神之间的区别；永存的主体与变化的属性之间的区别；大类与子类的概念；偶然联系和规律性联系的区分；毫无疑问，所有这些都曾经是我们的祖先在历史上取得的显著成果，他们将自己的处于混沌状态的粗糙个人经验加以改变,使之具有更易分享和管理的形式。它们证明了其作为思想工具(denkmittel)的极大作用,因而现在成为我们心灵结构的一部分。我们不能拿它们当儿戏。任何经验都不能颠覆它们。相反,它们统觉每一个经验,使其各得其所。

达到怎样的效果呢?无非是,使我们更好地预见我们经验的过程,更好地彼此交流,更好地依照常规进行生活。此外,我们可能会有一个更纯正、更宁静、更包容的心态。

继发现时间和空间的概念之后,常识方面最伟大的成就可能是发现了"永存事物"(permanently existing things)的概念。当拨浪鼓第一次从婴儿手中掉落时,他不会去看它掉到哪里了。他知觉不到的东西——在他具有更好的信念之前——他便认为它不存在了。我们的知觉意味着存在,无论我们是否握着拨浪鼓,它们都存在;这种对于我们所遇到的事情的解释是如此清晰,一经运用,便永不会忘记。这同样适用于物和人,适用于客观世界和内心世界。无论巴克莱(Berkeley)主义者、穆勒(Mill)主义者或科尼利厄斯(Cornelius)主义者怎样批评它,它都有效;在实际生活中我们从来没有想要"背弃"它,或者用任何其他术语来解释我们新获得的经验。诚然,我们可以大胆想象,在永存物体的假设提出之前,人们曾经假设经验流背后有一种"纯粹的"经验状态;我们也可以设想古代的某个天才可能提出了另一种不同的假设。但是我们今天肯定不能想象还会有什么不同的假设,因为超知觉实在(transperceptual reality)的范畴现在是我们生活的基础之一。如果我们的思想要具有合理性与真理,就必须继续使用它。

我认为人本主义的实质在于这样一个概念：它的第一个要素以极端混沌的纯粹经验的形式出现，它向我们提出问题；第二个要素以基本范畴的形式出现，它们早已融入了我们的意识结构，实际上是不可取消的，它们决定了答案必须归属的一般框架；第三个要素以最适合我们当前所有需要的形式给出答案的细节。这个概念将初始的纯粹经验表象为已被历史上产生的谓词所包裹的东西，我们只能将它看成不同于纯粹经验的另一个东西（Other），关于这（That）的东西；我们的心灵（用布拉德雷的话说）"遭遇"它，我们受它刺激而产生各种思想，我们按照这些思想所促进我们的精神或身体的活动，以及带给我们的外部力量与内心安宁，来确定它们"真"的程度。但是，这另一个东西，这个普遍的这，其自身是否有任何确定的内在结构，或者如果它有的话，其结构是否类似于我们的谓词所表达的什么（whats），这是一个人本主义没有触及的问题。不管怎样，在我们看来，人本主义坚持认为，实在是我们理智的发明之累积，我们在与实在不断打交道的过程中为"真理"而奋斗，这个奋斗总是在创造新的名词和形容词同时又尽量让旧的保持不变。

很难理解为什么布拉德雷先生本人的逻辑或形而上学会迫使他反对这一概念。如果他愿意的话，他只需效仿罗伊斯教授，将他的那个奇特的绝对者添加在这一概念之上，他便可以始终如一地逐字逐句地（verbatim et literatim）接受它。根据上述定义，法国的柏格森（Bergson）及其弟子以及物理学家威尔布瓦（Wilbois）和勒罗伊（Leroy）都是不折不扣的人本主义者。米洛（Milhaud）教授似乎也是其中之一，而伟大的彭加勒（Poincaré）也几乎可以算一个。在德国，西梅尔（Simmel）这名字代表一种最彻底的人本主义者。马

3. 人本主义与真理

赫（Mach）及其学派、赫兹（Hertz）和奥斯特瓦尔德（Ostwald）都必须被归入人本主义者之列。可见，人本主义的观点已经流行开来，我们须耐心讨论。

讨论人本主义的最好方法是看看有什么取代方案。那究竟是什么呢？人本主义的批评者没有给出任何明确的说法，到目前为止，只有罗伊斯教授做出了一定的阐述。因此，人本主义对哲学的第一个贡献或许是它迫使那些不喜欢人本主义的人去反省他们自己的思想。它迫使人们重视分析，将其视为当务之急。目前唯一与之冲突的似乎是那个懒惰的传统，即认为真理是"思想与存在相符合"（adæquatio intellectûs et rei）。布拉德雷仅仅指出，真思想"必定与特定的存在相契合，这存在不能说是被造成的"，这个说法显然没有任何新意。所谓的"契合"一词究竟是什么意思？所谓的"存在"究竟在哪里？什么样的事物是"特定的"，这里所谓的"不是被造成的"又是什么意思？

对于这些空洞的词语，人本主义立刻加以改进。我们是以某种方式和那些与我们产生关系的事物相契合的。如果它是一物，我们可能产生一个与其一样的摹本，或者我们可能只是感觉到它是某处的一个存在。如果它是一种要求，我们可能会服从它，即使除了它对我们的推动之外，我们对它一无所知。如果它是一个命题，我们可能不反驳它，准予通过，从而表示同意。如果它是两物之间的一种关系，我们可能会作用于第一物，由此探知第二物在何处。如果它是不可触及的东西，我们可以用一个假设的对象来代替它，后者因有同样的效果，所以会为我们产生实在的结果。一般说来，我们可能只是将我们的思想加于事物之上；如果它承受了这个增加，整个状况和谐地延续并得以丰富，那么这思想就会被看成真的。

至于我们的思想与之契合的那些存在究竟在何处，尽管它们可能在当下思想之外，也可能在当下思想之中，但人本主义认为我们没有理由说它们超越我们的有限经验。在实用主义看来，它们的实在性意味着，无论我们是否愿意，我们都要服从它们，考虑它们，事实上，我们对于自己经验之外的其他所有经验，都必定总是如此。当下经验必须"充分"契合的整个实在体系可能与当下经验本身是连续的。作为不同于当下经验的实在，可能是过去的经验，也可能是将来的经验。无论在何种情况下，对我们来说，它的确定性都表现为我们的判断行为与之相适应的形容词，而它们基本上都是人为的产物。

在实用主义看来，所谓我们的思想并不"造成"这实在，意思是如果我们自己的特殊的思想不存在了，这实在仍将以某种形式存在，尽管这种形式的存在可能会缺少我们的思想所赋予它的某些东西。所谓实在是"独立的"，意思是在每一个经验中都有一些不由我们随意支配的东西。如果它是一个可感觉的经验，它会迫使我们注意它；如果它是一个序列，我们不能颠倒它；如果我们比较两个东西，我们只能得出一个结果。在我们的经验之内有一种强制人的力量，一种逼迫人的力量，一般说来我们对此无能为力，它驱使我们朝着一个方向前进，这个方向就是我们信念的归宿。至于这种说法——这经验的趋势本身最终是由某种独立于所有可能经验的东西造成的，它可能是真的，也可能不是真的。可能存在也可能不存在一个支撑着经验世界的超验的"自在之物"（ding an sich），或者

3. 人本主义与真理

一个作为人类思想赖以做出一个个决定之基础的"绝对者"。但是人本主义认为，至少在我们的经验自身之内，有些决定是独立于其他决定的；有些问题，如果我们真的问这些问题的话，只能有一个答案；有些存在，如果我们真的设定它们的话，我们必定认为它在我们设定它之前就已存在；有些关系，如果它们真的存在的话，其存在必定与关系者同样长久。

因此，根据人本主义的观点，真理意味着经验中较不固定的部分（谓词）与其他相对较固定的部分（主词）之间的关系；我们无需在经验本身与超越经验的任何事物的关系中寻求真理。我们尽可以安居于经验之家，因为作为经验者，我们的行为在各个方面都被包围在经验之中。我们的对象既给我们推动也给我们阻力，真理的概念完全不同于任性或放纵，它必然会从每个人的生活中独自生长起来。

所有这一切都是显而易见的，对人本主义著作家的那些通常的指责真"令我厌烦"。我在一次哲学会议上就杜威的《研究》①作学术报告，有人提问："杜威主义者怎能区分真诚与欺骗呢？"罗伊斯教授反驳实用主义时说："一个纯粹的②实用主义者怎会觉得自己有责任认真思考呢？"布拉德雷先生说，如果一个人本主义者理解他自己的学说，"他一定会认为，任何观点，只要有人说它是真理，无

---

① 这里《研究》(Studies)指杜威的《逻辑理论研究》(Studies in Logical Theory)。——译者

② 如果这里所说的纯粹(mereness)意味着否认实用主义者的思想的所有具体性，那么我不知道还有什么"纯粹的"(mere)实用主义者。

论它多么荒谬,都是真理。"泰勒教授将实用主义描述为:相信自己喜欢的任何东西,并称之为真理。

对于人的实际思想状况采取如此肤浅的看法,着实让我惊讶至极。这些批评者似乎认为,如果任其自然,我们经验的无舵之筏必定会随波逐流,浪迹浮踪。他们似乎在说,即使船上有指南针,它也没有地极可指。他们坚持认为,如果我们要到达一个港湾,除了"纯粹的"航行之外,还须有外来的绝对的航行指令,以及单独的航行图。但是,即使存在着我们应该遵守的绝对的航行指令——先于人类的真理标准,我们在现实中遵守它们的唯一保证必定仍然要靠我们人类自身的装备,这不是显而易见吗?除非我们感觉到我们的经验中存在着与之合作的因素,那所谓的"应该"就只是空言虚语(brutum fulmen)。事实上,那些最虔诚地信奉绝对标准的人也必定承认人们不一定能够遵守它们。尽管有这些永恒的禁令,任性的情况仍然存在;无论有多少超验的实在,也不足以防止经验中无数错误的发生。无论是否有超-验的实在,我们防止放纵的思想之唯一真正保证是经验本身的压力,它使我们不犯具体的错误。再者,那些主张绝对实在的人如何知道它是怎么命令他思想的?他不能直接看到绝对者;除非遵循人本主义的路线,他也无法猜测绝对者想要他做什么。实际上,他自己所能接受的唯一真理是他的有限经验引导他获得的有限经验的真理。有的人一想到让诸多经验任其自然就不寒而栗,祈求一个绝对者的空名来获得保障,似乎无论它如何不起作用,总能够代表某种幽灵般的安全感,这种人就像有些善良的人,他们一听到恶劣的社会倾向,就激动得脸红气喘,说"议会或国会应该明令禁止",好像一纸法令就足以让他们获得解脱。

3. 人本主义与真理

一个真理的法则的所有约束力都取决于经验本身的结构。无论有绝对者还是没有绝对者，对我们来说，具体的真理总是我们的各种经验最有益地结合在一起的思想方式。

然而，我们的对手固执地认为，在真理问题上，相比于那些相信有一个独立实在领域——它们使得真理标准更加严格——的人，实用主义者总是更加随性，反复无常。如果他所说的后者指那些自以为知道并且公然发布那种严格真理标准的人，那么人本主义者无疑要灵活一些；但是，如果绝对主义者在具体事务中遵循（幸运的是，我们今天的绝对主义者确实遵循）经验主义的研究方法，那么人本主义者并不比他更灵活。愿意考虑假说总比任意（ins blaue hinein）武断更好一些。

然而，人本主义者身上可能具有的这种灵活气质却成为其对手为其定罪的理由。人本主义者确实相信，真理来自经验，它是每一时刻对我们最有利的反应。我听到一位博学的同行对此评论说，这就永远阻塞了人本主义者说服其对手的道路，因为其对手的观点——作为暂时对他们最有利的反应——难道不是已经满足人本主义的要求吗？根据这位同行的理论，只有那些相信真理存在于经验之先的人才能根据这个理论说服他人而不自相矛盾。但我要问，对真理的任何解释都是自欺欺人吗？难道定义会与行为相矛盾吗？假设真理的定义是："真理就是我想要说的话。""嗯，我想说这句话，我想让你也想说它，而且我会一直说下去，直到使你同意为止。"请问：哪里有矛盾？无论真理是什么，这句话都带有一点真理。话语的气质是超乎逻辑的。某个绝对主义者或许比一个人本主义者更热烈一些，但是另一个绝对主义者则未必如此。就一个人本主义者来说，如果其天性十分热情，完全能够为了使人折服而逾山越海，一往无前。

"但是，你怎么能够对这样一种观点——你知道它部分地是你造成的，而且在下一刻就可能改变——充满热情呢？对于这种微不足道的东西，你如何会拥有为真理的理想而英勇献身的精神呢？"

这是反人本主义者提出的又一反对意见，这表明他们对[真理]的真实情况的认识还不够用心。只要他们遵循实用主义的方法，问一问："真理被认识为什么？它的存在代表什么具体的益处？"他们会发现真理这名称几乎代表（inbegriff）了我们生活中一切有价值的东西。真理是这些事物的对立面，即：不稳定的事物、现实中令人失望的事物、无用的事物、谎言和不可信的事物、不可证实和未经证实的事物、前后不一或矛盾的事物、不自然和不正常的事物、就缺乏实际意义而言不实在的事物。这就是我们应该热烈追求真理的实用主义的理由——真理能把我们从那样的世界里拯救出来。难怪它的名字令人真诚向往。更难怪对于一切微不足道的暂时的庸常快乐的信念，相比于对真理的纯粹追求，都显得不足挂齿。如果绝对主义者因为觉得人本主义不真而予以拒绝，那么这意味着他们的整个精神需求习惯已执着于另一种实在观，与之相比，人本主义的实在观好像只是一些轻狂少年的突发奇想。他们的主观统觉系统在此以永恒的自然的名义发言，并命令他们拒绝我们的人本主义——他们所理解的人本主义。同样，当我们人本主义者驳斥一切高贵的、洁净的、不变的、永恒的、理性的、神圣的哲学体系时，亦是如此。迄今为止，我们与自然打交道的过程以及我们的思想习惯使我们认识到自然的戏剧性气质，而那些哲学体系是违反这种气质

3. 人本主义与真理

的。即使它们的主观武断和死板教条还不至于荒谬不堪，至少它们显得特别做作和不自然。我们心安理得地抛弃它们，而投身于广阔的真理原野，一如理性主义者心安理得地抛弃我们的这种广阔的真理原野而转向它们那种更雅致洁净的理智世界。①

这足以表明人本主义者并未忽视真理的客观性和独立性。接下来，让我们试看反人本主义者所说的这句话——我们的思想要为真，就必须"契合"——是什么意思。

关于这契合概念的通俗解释是思想必定摹写实在——知识是知者与被知者的同化（cognitio fit per *assimiliationem* cogniti et cognoscentis）；哲学似乎未经严肃认真地讨论这个问题，就自动地接受了这样一个观念：如果命题摹写永恒的思想，它们就是真的；如果语词摹写心外的实在，它们就是真的。毫无疑问，我认为大部分对于人本主义的批评是由摹写理论引起的。

---

① ［为了说明人本主义者和理性主义者在心灵气质上的差异，我不禁要引用一些关于德雷福斯"事件"（Dreyfus 'affaire'）的评论，这些评论与哲学领域相距十万八千里，肯定出自某位从未听说过人本主义或实用主义的作者之手。他说："'这个事件'与大革命一样，将成为我们的一个'源头'。如果说它没有造成鸿沟，至少也使长期的地下工作公开化。这种工作在不知不觉中为我们今天两个阵营的分离做好了准备，最后一下子将传统主义者（原则制定者、寻求统一者和先验体系的建立者）的法国和热爱确定事实与自由思考的法国分开；革命的和浪漫的法国，如果你愿意这样称呼它，非常重视个人，甚至不愿让一个正直的人为了拯救国家而牺牲，他既从部分也从整体寻求真理……杜克洛（Duclaux）难以想象人们会喜爱其他东西甚于喜爱真理，可是他看到周围许多十分诚实的人，当他们把个人生命与国家事业进行比较时，向他承认他们认为单纯的个人存在是微不足道的，尽管他们是无辜的。这些人是古典主义者，他们只看重整体。"《杜克洛传》（*La Vie de Emile Duclaux*）（Laval, 1906），埃米尔·杜克洛夫人著，第 243、247—248 页。］

但是，先天地看，这种说法——我们的心灵与实在打交道的唯一方式只是摹写它们——并非不证自明。我们请读者假设他自己暂时作为宇宙中唯一的实在，而后他接到通知，另一个人将被创造，来真实地认识他。请问他将如何预先表象这认识？他希望这认识是什么样的？我决不相信他会把认识仅仅想象成一种摹写。他的不完全的摹本存在于新来者的心中，这对他来说有什么好处？这纯粹是浪费了一个好机会。更可能的情况是，他要求一个全新的东西。他会以人本主义的观点来看待这认识，他会说："新来者必定考虑到我的存在，以一种有益于我们双方的方式作用于我的存在。如果为此需要摹写，就摹写吧；否则，就不必摹写。"总之，关键不在于摹写，而在于丰富已有的世界。

前几天，我在欧肯（Eucken）教授的一本书里读到一句话"提升已发现的存在"（Die erhöhung des vorgefundenen daseins），这句话用在这里很合适。为什么思想的使命不是增加和提升存在，而只是模仿和复制存在？凡是读过洛采著作的人都不会忘记他对那些通常关于物质第二性质的观点所作的精彩评论，这种观点认为第二性质是"虚幻的"，因为它们并不摹写事物中的任何东西。洛采说，认为世界本身是完备的，思想只是被动反映世界的镜子，对事实无所增加，这种观点是不合理的。应该说，思想本身就是事实中最重要的一个部分，先存的不完备的物质世界的整个使命可能只是激发思想，让这个世界得到更好的扩展。

简言之，不管摹写是否属于"认识"，"认识"只是我们与实在建立富有成效关系的一种方式，就我们的预见所及，并无与此相反的情况。

3. 人本主义与真理

我们很容易看到摹写理论是从哪种特别类型的认识产生的。在我们处理自然现象时，至关重要的一点是能够预知。根据斯宾塞的说法，预言就是智力的全部含义。当斯宾塞的"智力法则"说内部关系与外部关系必须"契合"时，它的意思是我们内部的时间图式与空间图式的要素分布必须是实在的时空中的实在的要素分布的精确摹本。从严格的理论来说，心理要素自身不一定以逐个摹写实在的要素的方式来对应它们，如果只是摹写实在的时间与地点，符号性的心理要素就足够了。但是，在我们的日常生活中，心理要素是图像，而实在的要素是感觉事物，图像经常摹写感觉事物，我们容易把要素的摹写和关系的摹写视为认识的自然含义。但是，即使是这种常见的描述性真理，也有很大一部分是用语言符号表达的。如果我们的符号适合这个世界，即正确地决定了我们的预期，那么它们不摹写实在的要素，情况甚至更好。

显然，实用主义对于所有这些日常的现象性知识的解释是准确的。这里的真理是一种关系，不是我们的观念与非人的实在之间的关系，而是我们经验的概念部分与感觉部分的关系。凡是引导我们与可感的特殊事物（当其出现时）进行有利互动的思想就是真的，无论它们事先是否摹写这些事物。

由于我们关于现象事实的知识常常摹写对象，因而我们认为在理性知识方面摹写也是真理的本质。人们认为几何学和逻辑学必定摹写了造物主的原型思想。但是在这些抽象领域，没有必要假设原型。心灵可以自由地在空间中刻画出各式各样的图形，做出各式各样的数字集合，构建各式各样的类别和系列，它可以永无止境地分析和比较，它产生的观念非常丰富，这让我们难以相信有什么先存的"客观"原型。假设有一个上帝，他的思想只圣化（consecrated）直角坐标而不圣化极坐标，或者只圣化杰文斯（Jevons）的标记法而不圣化布尔（Boole）的标记法，这假设显然是错误的。但是，如果我们假设上帝预先想到了人类在这些方面所有可能的奇思异想，他的心灵就太像一个有三头八臂六乳的印度教偶像，其冗杂繁复，我们也不想摹写，因而整个摹写的概念就会从这些科学中消失了。所以我们最好将它们的对象看成是人类一步步地创造出来的，人类创造它们的速度与认识它们的速度是同步的。

现在如果有人问，既然三角形、正方形、平方根、种类等等都只是人类一时创作的"作品"，它们的性质和关系怎能一下就被认为是"永恒的"？人本主义的回答非常简单。如果三角形和种类概念是我们自己的作品，我们当然能够让它们保持不变。只要我们明确规定，时间对于我们所指的事物不会造成任何改变，我们有意地（也可能以假想的方式）将它们从各种会损毁的实在的联系和实在的条件中抽离出来，我们就能够让它们"永恒"。而不变的对象之间的关系一定是不变的。这种关系不可能是偶然的，因为根据假设，对象不会发生任何改变。在拙著《心理学原理》[①]最后一章，我曾试图阐明这些关系都是比较关系。到目前为止，似乎没有人注意到我的看法，由于我对数学的发展一无所知，对自己的这个观点不是很自信。但是，如果它是正确的，它将完美地解决这里的难题。比较关系是我们能够直接考察的关系。我们一旦从心理上比较心理对象，

---

① 原书第二卷第641页起。

3.人本主义与真理

就能看出它们或者相同,或者不同。但是在这些永恒的条件下,一次相同,就永远相同,一次不同,就永远不同。也就是说,关于这些人造对象的真理是必然的和永恒的。我们只有先改变我们的论据,然后才能改变我们的结论。

因此,先天科学的整个结构可以看作人为的产物。正如洛克早就指出的,这些科学与事实没有直接联系。只有当一个事实被认为与这些理想的对象中的任何一个相等同,从而被人化时,原来对理想的对象为真的,现在也对事实为真。同时,真理本身原本不是任何东西的摹本;它只是一种被直接认识到的两个人为的心理事物之间的关系。①

现在我们可以看一下几种特别类型的知识,以便更好地了解人本主义的观点是否合适。关于数学和逻辑这两种知识,我们不必进一步详加解释;关于自然过程的描述性知识,也不必长篇大论。就其涉及到预期而言,虽然这可能意味着摹写,但是正如我们所看到的,这只是意味着预先"准备"。但是,很多遥远和未来的对象,我们与它们的实际关系是极不现实和极其遥远的。例如,我们现在根本不能预先准备由潮汐阻力来阻止地球转动;对于过去的事物,虽然我们自认为真地认识它们,但是我们与它们根本没有任何实际关系。很明显,虽然我们最初致力于对现象进行真实的描述,其出发点完全是为了实用,但是,在这个过程中我们对于单纯的描述功能的内在兴趣也在不断增长。我们希望描述是真的,无论它们是否

---

① [心理事物在心理世界中当然是实在。]

能带来附带的利益。原初的描述功能已经发展出一种为描述而描述的纯粹需求。这种理论上的好奇似乎是人类相对于其他动物特有的种差,而人本主义认为它的领域十分广阔。在这里一个真观念就不只是意指一个让我们为实际知觉做准备的观念;它也意指一个或许让我们为仅仅可能的知觉做准备的观念,或者意指这样一个观念:如果把它表达出来,它可能对他人提示某些可能的知觉,或者提示表达者难以与他人共有的现实知觉。所有这一整套现实的或可能的知觉构成了一个系统,这个系统显然有利于我们保持稳定一致的状态;在这里,那个常识概念即永恒的存在概念得到了成功的运用。思想者本人之外的存在,不仅解释了他对过去和未来的现实知觉,而且解释了他可能的知觉以及其他每一个人的可能知觉。因此它们极其美妙地满足了我们的理论需求。通过它们,我们从当下的现实知觉进入那遥远的潜在知觉,回过来再进入未来的现实知觉,通过一个原因解释了无数特殊的事物。这就像那些环形的全景图,泥土、草地、灌木丛、岩石、被摧毁的大炮等等真实景物被置于一幅画面中,其中天地相接,激战正酣,真实景物与画面浑然一体,观众看不出任何接合痕迹;同样,那些概念性的对象,加入我们当前的知觉实在,与之融合成了我们的信念整体。尽管巴克莱主义者对概念性对象的批评不绝于耳,但是我们绝不怀疑它们的真实存在。对于它们之中的任何一个,即使我们只是现在才发现它,我们仍然毫不犹豫地说它不仅现在存在,而且过去就存在——如果我们这样说,过去与我们感觉到的现在更加连贯地联系在一起的话。这是历史的真理。我们认为摩西(Moses)写了《摩西五经》,因为如果他没有写,我们所有的宗教习惯都要废除。尤利乌斯·恺

3. 人本主义与真理

撒（Julius Cæsar）是真实存在的，否则我们就再也不能相信历史了。三叶虫曾经存在，否则我们关于地层的所有观点就都是错的。直到昨天才被发现的镭也必定一直存在，否则它与其他永久的自然元素就不会类似了。在所有这些例子中，都只是我们的一部分信念作用于另一部分信念，从而产生最令人满意的总的心灵状态。我们说这个心灵状态看到了真理，我们相信它表达的内容。

当然，如果你以具体的方式看待满意，把它看成你现在感到的某种满意，而以抽象的方式把真理看成从长远来看会被证实的真理，那么你不能将它们两者等同。因为众所周知，暂时令人满意的往往不是真的。但是，在每一个具体时刻，每个人的真理总是他在那个时刻"相信"的、最使他自己满意的真理；同样，抽象的真理、从长远来看会被证实的真理，与抽象的满意、长远的满意，也是一致的。简言之，如果我们将具体的与具体的进行比较，将抽象的与抽象的进行比较，那么真的与令人满意的确实是一回事。我觉得可能是因为在这些问题上存在一些让人困惑之处，使得哲学界拒不接受人本主义的主张。

我们的经验的基本特征在于，它是一个变化的过程。对于真理的"相信者"来说，真理在任何时刻总像一个雾中行走者的视域，或者像乔治·艾略特（George Eliot）所说的"大海里的小鱼目之所及的范围"，它是下一个时刻所要扩展和批评的客观领域，经过扩展与批评，它或者改变或者保持不变。批评者既看到了第一个相信者的真理，也看到了他自己的真理，并将它们相互比较，然后加以证实或否定。他的视野也是一个实在，这实在独立于第一个相信者的思想，而他的思想应该契合第一个相信者的思想。但是批评者自己也只是一个相信者；如果整个经验过程在他那里终止，将不会再有其他被认识的独立实在与他的思想进行比较了。

在这种情况下，一切直接经验都是暂时的。例如，我所见到并竭力捍卫的人本主义，从我的观点看，是迄今为止最为完善的真理。但是，由于这样一个事实即所有经验都是一个过程，所以任何观点都不可能是那个最后的观点。每一个观点都是不完备的，可调整的，可能为后来的观点所修正。既然你本人掌握了后来的一些观点，并相信其他的实在，你便不会同意我的观点发现了绝对肯定的、永恒的、最终的真理，除非你的这些观点证实和确认了我的观点所发现的东西。

你可将这一点概括如下：任何观点，无论它多么令人满意，只有当它符合一个超出其自身的标准时，才能肯定地绝对地被看成真的；如果你随后忘记了这个标准在经验之网中是永远生长的，你可能会漫不经心地说，适用于某个个别经验的也适用于所有经验，一个经验自身与它所在的经验整体无论拥有什么真理，都有赖于它们与其自身存在之外的绝对实在相契合。这显然是流行的传统观点。哲学家们从这样一个事实即有限的经验必定相互支撑，进而得出这样一个观点即经验总体必定也需要一个绝对的支撑。人本主义招致的大多数反感可能源于它对这一观点的否定。

可是，这不又是地球、大象和乌龟的陈言老套吗？难道没有什么东西能够自我支撑吗？人本主义愿意让有限的经验自我支撑。存在必定在某处直接拥抱非存在。为什么前行的经验——带着其自身的满意与不满意——不能划破非存在的夜幕，一如皓月划破深蓝的夜空。为什么在任何地方世界都要绝对固定和完备呢？如果

3. 人本主义与真理

实在真地在生长，为什么它不能在我们此时此地所做出的这些决定中生长呢？

事实上，实在确实通过我们做出的决定而生长，尽管这些决定过去并未这样"真"。以天上的"大熊"或"北斗"星座为例。我们称之为"大熊"或"北斗"；我们数了数这个星座的星星，说它有七颗星，我们说在我们数它们之前它们就是七颗；我们说不管是否有人注意过，这个事实——这个星座与长尾（或长颈？）动物有种模模糊糊的相似之处——是一直真实存在的。但是，请问我们把人类最近的思想投射到过去无尽时间的做法，究竟是什么意思呢？难道真的有一位"绝对的"思想者一直在数这星座的星星，根据他的计数分辨这些星星，并且傻傻地与大熊进行比较吗？难道在我们人类看到它们之前，它们就清清楚楚地是七个，清清楚楚地像大熊一样吗？当然，在溯源真理的过程中没有什么让我们这样想。它们只是蕴含着或潜含着我们所说的那些特征，是我们这些见到它们的人首先说明了这些特征，使它们成为"真的"。如果就一个事实的发生来说，万事皆备，只欠一个条件，我们就说这个事实原先潜在地存在了。在北斗七星的例子中，缺少的那个条件便是进行计算和比较的心灵。但是，决定那计算和比较的结果的是这些星星本身（如果心灵考察它们的话）。计数绝未改变它们原来的性质；关于它们是什么以及它们在哪里，计数不可能产生不同的结果。我们总是计算出这个结果。即使有人提出疑问，他们也绝不会怀疑"七"这个数。

我们在这里似乎有些自相矛盾。不可否认，通过计数产生出的那个东西，是以前没有的。但是那个东西又一直都是真的。从某种意义上说，你创造了它；在另一种意义上说，你发现了它。当你来考察这个事例的时候，你不能不把你计算出的数字看成以前就是真的。

因此，我们必须永远说这些星星的属性是真的；尽管如此，它们仍是我们的理智为事实世界所真正增加的东西，而且不仅仅是意识上的增加，也是"内容"上的增加。它们没有摹写原先存在的任何东西，但是它们符合原先存在的东西，适合它，扩展它，以"马车"、计算出的数字或其他的东西来联系或关联它，从而将它确立起来。在我看来，人本主义是唯一在正确方向上对这一事例做出清楚解释的理论，而这一事例代表无数其他的事例。在所有这些事例中，我们的判断确实可以说既追溯过去又丰富过去，尽管这听起来可能有些奇怪。

不管怎样，我们的判断都会通过它们所引起的行为改变未来实在的性质。如果这些行为是表示坚信（trust）的行为——例如，坚信某人诚实，坚信我们的健康状况良好，或者坚信我们能够通过努力获得成功——这些行为可能是我们所坚信的事物成为现实的必要前提。泰勒教授说①，我们坚信的事物，在我们坚信的时候，即在产生行动之前，无论如何都不是真的；我似乎记得，在他看来，诸如对宇宙整体完美性的信仰（它至少使信仰者在宇宙中的角色更趋向于完美）之类的事情都是"灵魂上的欺骗"。但是这种激愤的看法

---

① 请见泰勒于 1904 年 5 月在蒙特利尔出版的《麦吉尔大学季刊》(*McGill University Quarterly*) 上发表的批评实用主义（他所认为的实用主义）的文章。

3. 人本主义与真理

不应使我们忽视事实的复杂性。我不相信泰勒教授本人会真地把这些坚信者看成欺骗者。事实上，在这些情况中未来与现在是交织在一起的，人们总是可以通过运用假设的方式来避免欺骗。但是泰勒先生的态度暗示这种实践可能性是非常荒谬的，在我看来他的这种看法很好地说明了，真理若只是记录固定不变的东西，会变得多么呆滞。理论真理，被动摹写的真理，我们追求它们的唯一目的是为了摹写本身，不是因为摹写有好处，而是因为完全应该如此；如果你冷静地看待这种真理，它近乎一种荒谬绝伦的理想。为什么本来就存在的宇宙还要以摹本的形式存在呢？如何能够摹写其客观的丰富性呢？即使能够，动机又是什么呢？他们说："就连你的头发也是有数的。"的确，它们确实如此；但是这个数作为一个绝对的命题，为什么应该被摹写和被认识呢？毫无疑问，认识只是与实在相互作用并增加其结果的一种方式而已。

在此，我们的对手会问："对于真理的认识，除了它可能带来的附带好处，难道它自身没有任何独立的价值吗？如果你承认确实存在着理论上的满意，难道它们不就把附带的满意排挤掉了吗？如果实用主义确实承认它们，实用主义不就破产了吗？"只要我们具体地而不是抽象地使用语言，并以良好的实用主义素养来追问，"这些著名的理论性需求究竟被认识为什么，这些理智性的满意是由什么构成的，"那么他们的这些言论的破坏力也就烟消云散了。

所谓的理论需求与理智的满意不都是一致性问题吗？而且肯定不是一个绝对实在与其在我们心中的摹本之间的一致，而是在我们的心灵可经验的世界中，我们现实感觉到的我们的判断、对象与反应习惯之间的一致。我们需要这种一致并且为之感到愉悦，难道这不可以认为是这样一个自然事实——我们是这样一种存在，即我们确实形成了心理习惯，习惯本身证明我们在相同对象或相同种类的对象重复出现并遵循"规律"的环境中是有利于我们生存的——的结果吗？如果是这样的话，那么习惯本身产生的附带利益便是在先的，而理论生活则是为了辅助这些利益而发展起来的。事实上，很可能就是这样的。在生命之初，当时任何知觉都可能是"真的"——如果那时有这个词的话。后来，当人类的反应被组织起来以后，那些能够实现人类的期望的反应就成为"真的"，反之，就是"假的"或"错误的"。但是，因为同一类对象需要我们做出同一种反应，所以也就逐渐产生了反应一致的欲求，每当结果使期望落空时，我们就会感到失望。对于我们所有的更高级的一致性来说，这是一个非常合理的发端。如今，如果某一对象要求我们做出一种习惯上只适用于另一类对象的那种反应，我们的心灵系统便不会顺畅地运转。这种情况也就是我们理智上的不满意。

因此，理论真理是属于我们心灵内部的，是我们心灵的一些过程和对象与另一些过程和对象的一致——"一致"在这里是可以明确定义的关系。如果我们的理智高度系统化，那么只要我们对这种一致的满意感被剥夺，无论我们相信的东西给我们带来什么附带利益，也都不值一提了。但是我们大多数人的理智并未高度系统化。对于大多数男人和女人来说，让他们感到满意的一致只是他们通常的思想和言论与他们生活所处的有限的感官-知觉领域之间没有激烈的冲突。因此，我们大多数人认为我们"应该"达到的理论真理就是拥有一组与其主词不产生明显冲突的谓词。我们常常通过忽略其他谓词和主词来保留这种理论真理。

3. 人本主义与真理

有些人酷爱理论，正如有些人酷爱音乐。他们对内在统一的形式的追求远远超过对附带利益的追求。这些人出于对统一性的纯粹热爱，将对象进行系统化处理，对它们进行分类，制作一览表，发明理想的对象。对发明者来说，这些成果往往闪耀着"真理"的光芒，而在旁观者看来它们却显得非常个人化和矫揉造作。这等于说，纯粹理论的真理标准与其他任何标准一样容易让我们陷入困境；那些绝对主义者尽管自命不凡，实际上却与他们所攻击的人"同在一条船上"。

我很清楚，这篇文章的内容非常杂乱。不过，这整个论题是归纳的，严格的逻辑在这里并不相宜。而且，让我特别为难的是我的对手并没有任何明确的取代方案。在结束本文之前，如果我重述一下我所认为的人本主义要点，可能会使其更加清晰。它们是：

1. 一个经验，无论是知觉的还是概念的，它若为真，必须与实在相符。

2. 在人本主义看来，所谓"实在"无非是指，某个特定的当下经验可能会发现自身事实上与之汇合的其他知觉性经验或概念性经验。[①]

3. 在人本主义看来，所谓"相符"是指以这样一种方式考虑问题：在理智上和实际上得到某种令人满意的结果。

4. "考虑"和"令人满意的"这两个词是无法定义的，因为实际

---

① 这个定义只为排除"不可知的"实在，即无论知觉术语还是概念术语都不能解释的实在。它当然包括独立于该认识者的所有经验实在。因此，从认识论上说实用主义是一种实在论。

上可以通过很多方式来达到这些要求。

5. 笼统地说，所谓考虑实在是指，尽可能不改变它的形式而保留它。但是，为了令人满意，它一定不能与它之外的那些同样要求我们保留的其他实在相矛盾。我们必须保留我们能保留的所有经验，并尽量减少这些经验之间存在的矛盾，这就是我们暂时对"考虑"和"令人满意的"这两个词所做出的最好说明。

6. 一个与实在相符的经验所包含的真理，可能让先前的实在得以扩大，而后来的判断可能必须与它相符。至少从潜在的意义来说，它以前就是真的。在实用主义看来，潜在的真理与现实的真理是同一回事：如果有人提出这个问题，答案只能有一个。

4. 认识者与被认识者的关系[①]

纵观哲学史,主体和对象一直被视为两个绝对不连续的实体;由此,后者对前者的呈现,或者前者对后者的"理解",就具有一种悖论的性质,而为了克服这种悖论,人们不得不发明各种各样的理论。各种表象论(representative theories)将心理的"表象"、"影像"或"内容"作为一种中介置入它们之间的鸿沟。各种常识理论(common-sense theories)没有触及这一鸿沟,宣称我们的心灵能够通过一次自我-超越的跳跃来克服它。各种先验论(transcendentalist theories)认为有限的认识者不可能跨越这鸿沟,它们引入了一个绝对者来完成这个跳跃行为。其实,有限的经验领域已经充分提供了我们理解主客关系所需要的每一个连接。认识者和被认识者是:

(1)在不同环境中被两次考察的同一个经验;或者它们是

(2)属于同一主体的两个现实经验,它们之间有着确定的连接

[①] 摘自发表在1904年9月29日的《哲学、心理学与科学方法》(the *Journal of Philosophy, etc*)上的文章"纯粹经验的世界"("A World of Pure Experience")。[这里,*Journal of Philosophy, etc* 是詹姆士对 *Journal of Philosophy, Psychology and Scientific Methods*(《哲学、心理学与科学方法》)的缩写,在本书中他有时也将其缩写为 *Journal of Philosophy*。——译者]

性的过渡经验地带；或者

（3）被认识者是这个主体或另一主体的可能的经验，上述的连接过渡如果足够长远，会通往这个经验。

因篇幅所限，本文并不讨论一个经验可作为另一个经验的认识者的所有方式。我曾在1904年9月1日的《哲学、心理学与科学方法》上发表一篇文章"意识存在吗？"（"Does consciousness exist?"），这篇文章讨论了第1类知识，也就是所谓的知觉。这是心灵对当下对象具有"直接认识"的情况。其他类型的知识是心灵对一个非直接在场的对象具有"关于它的知识"。第3类总是可以正式的方式和假设的方式简化为第2类，所以现在对该类知识的简短描述会使当前的读者充分了解我的观点，并使其看到这种神秘的认知关系的实际含义可能是什么。

假设我正坐在位于剑桥的书房里，距离"纪念堂"（Memorial Hall）有十分钟的步行路程，并且我真的在思想这个对象。我心中可能只有它的名字，或者可能有一个清晰的影像，或者可能有一个非常模糊的堂的影像，但影像的这种内在差异对其认知功能没有任何影响。某些外在的现象，特定的连接经验，才会赋予这影像——不管它可能是什么——以认识职能。

例如，如果你问我，我心中的影像指的是什么样的堂，而我却什么也说不出来；或者，如果我不能指给你看或者不能带你去哈佛三角地（Harvard Delta）；或者，如果你把我带到那里，而我不确定我看到的那个堂是否是我心目中的那个堂；那么你就会理所当然地否认我"指的"是那个特殊的堂，即使我心中的影像可能在某种程度上与之相似。在那种情况下这种相似只是巧合而已，因为在这个

4.认识者与被认识者的关系

世界上,同类中的各种东西都彼此相似,但我们却不能因此认为它们相互认识对方。

另一方面,如果我可以带你去那个堂,告诉你它的历史和现在的用途;如果在它面前,我觉得我的观念,无论它多么不完满,都会引导到这里,并且现在终止于这里;如果这影像的联系与这被感觉到的堂的联系是平行的,以至于在我行走时,一个环境中的每个东西与另一个环境中相应的东西都一一契合;那么我的灵魂就有预见性,我的观念必定被称为对实在的认识,而且大家都会同意这一点。这就是我所指的知觉,因为我的观念通过连接性的同一性经验和已实现的意向经验(conjunctive experiences of sameness and fulfilled intention)进入了该知觉。没有任何地方存在不和谐,而每一个后来的时刻都在继续并验证前一个时刻。

这个持续验证的过程,并无任何先验的意义,而是明确指向感觉到的过渡,这就是一个观念对一个知觉的认识所可能包含或表示的一切。无论在哪里,只要感觉到这种过渡,第一个经验就认识最末一个经验。哪里缺乏它们的介入,或者缺乏它们介入的可能性,那里就不可能有认识发生。在后一种情况下,这两端即使有联系,也是通过低级关系——单纯的相似或先后相继关系,或者仅仅通过"在一起"(withness)的关系——联系在一起。关于可感实在的知识就是这样在经验之网的内部产生的。它是被造成的,是通过在时间中自我展开的关系造成的。每当有了中介,并且向终点延伸时,就会有经验沿着一个方向从一点到另一点产生出来,并且最后会有一个完成了的过程的经验,结果是它们的起点变成了认识者,终点变成了被意指或被认识的对象。这就是认识(在简单情况下)所能够被认识的一切,用经验的术语来说,这就是认识的全部本质。每当我们拥有这样的经验序列时,我们就可以毫不犹豫地说,我们从一开始就"在心中"拥有那个最终的对象,尽管在开始的时候我们心中只有一个像其他任何经验一样寻常的实体性经验(substantive experience),除此之外什么也没有,而这个实体性经验并没有什么自我-超越,而且也没有什么神秘之处,所有的只有:它产生、其他一些实体性经验继之逐渐而来,它们之间有连接性的过渡经验。这就是我们这里所说的对象"在心中"所意指的含义。至于它在我们心中更深层更实在的方式,我们绝无任何肯定的概念,我们也无权通过谈论那种方式来诋毁我们的实际经验。

我知道很多读者会反对这个解释。他们会说:"单纯的中介,即使它们是连续实现的感觉,也只能把认识者和被认识者分开,而我们在知识中所拥有的是一个对另一个的直接接触,一种词源意义上的'把握'(apprehension),一种像闪电一样跨越鸿沟的跳跃,一种把两个迥然不同的东西合而为一的行动。你们所有的那些僵死的中介都是彼此外在的,而且外在于它们的终点。"

可是,这样一些辩证的诘难不是让我们想起一个故事吗:狗丢下自己口中的骨头,去咬它在水中的影子。如果我们知道别处有什么更实在的联合,我们愿意给我们所有经验的联合贴上赝品的标签。但是,无论是在终结于直接认识的"关于……的知识"中,还是在人格同一性中,还是在通过系词"是"(is)进行的逻辑判断中,还是在其他知识中,我们所知的唯一的联合是通过连接性过渡所构成的联合。如果哪里有更绝对的联合,它们也只能通过这种连接的结果来显示给我们。这就是这些联合的价值之所在,这就是我们用

4.认识者与被认识者的关系

"联合"和"连续性"实际上所能意指的一切。现在重申洛采关于实体的说法不是正当其时吗：像一个实体那样做，就是成为一个实体。在这里，我们是不是应该说，在经验和实在是一回事的世界里，被经验为连续的就是实在地连续的？在美术馆里，彩绘的钩子可以用来挂一条彩绘的链条，彩绘的缆索可以拴一艘彩绘的船。在一个关系者及其区别都是经验事件的世界里，被经验到的连接必定至少与其他事物一样实在。如果我们没有超现象的绝对者一下子把整个经验世界变成非实在，它们就是"绝对"实在的连接。

有关概念性的知识或者"关于"对象的知识之认知关系的要旨就说到这里。它包括连续发展过程的中介经验（如果不是现实的，便是可能的），最后还包括中介经验的完成，达到作为认识对象的可感知觉。这里的知觉不仅证实了概念，证明了它的功能，即认识到该知觉为真，而且该知觉作为中介链条的终端之存在就创造了该功能。不管这链条的终端是什么，由于它现在证明了其自身存在，它就是那个概念"在心中拥有"的东西。

这种认识对人类生活的重要意义在于这样一个事实：如果一个经验认识另一个经验，那么前者可以作为后者的代表，不是在任何近乎奇迹的"认识论"意义上，而是在确定的实践意义上，即在各种活动——有时是物质活动，有时是精神活动——中替代它，从而引导我们到达它的相关者和结果。运用我们对实在的观念进行实验，我们便可以不用它们各自所意指的实在经验进行实验，从而减少了麻烦。观念形成相互关联的系统，与实在形成的系统——契合；通过让一个观念系统地唤起它的观念相关者，我们可以通向一个终点——如果我们对实在的世界进行操作,与该观念契合的实在也通向这个终点。这就引出了一般的替代问题。

确切地说,在一个经验系统中,一个经验"替代"另一个经验,这究竟意味着什么呢?

在我看来,经验作为一个整体是一个时间中的过程,在这个过程中,无数特殊的关系者消失,并经由过渡环节被紧随其后的其他关系者所取代,这些过渡无论在内容上是分离的还是连接的,它们自身都是经验,一般说来至少必须与它们所联系的关系者一样被看成实在的。被称为"取代"的那个事件的性质是什么,完全取决于所获得的那种过渡。一些经验只是简单地取消了其前面的经验,而没有以任何方式延续它们。其他经验被感觉到增加或扩大了它们的意义,实现了它们的目标,或者把我们带到更接近它们的目标的地方。这些后来的经验"代表"它们,并且可能比它们自身更好地完成它们的职能。但是在一个纯粹经验的世界里,去"完成职能"只能以一种可能的方式来认识和定义。在这样一个世界里所发生的事件唯有过渡与到达(或终结),尽管它们发生的途径多种多样。一个经验所能履行的唯一职能就是引导至另一个经验;而我们所能谈论的唯一的完成就是达到某个被经验的终点。如果一个经验与另一个经验引导至(或可能引导至)同一个终点,它们在职能上就是一致的。但是,直接被给与的整个经验系统是一种半混乱的状态,一个人可以从一个初始项沿着很多方向往前走,通过许多可能的路径,从一个经验到下一个经验,最后在同一个终点结束。

这些路径中的每一个在职能上都可以替代另一个,我们走这一

4. 认识者与被认识者的关系

条而非另一条路径有时可能是因为这样做比较有利。事实上，一般而言，贯穿概念性经验的路径，即贯穿"思想"或"观念"——它们认识作为终点的事物——的路径是非常有利的。它们不仅使过渡以令人难以想象的速度发生；而且，由于它们经常具有的"普遍"特性①，以及它们在大系统中相互联系的能力，它们超越了事物本身缓慢的连续过渡，以一种远比跟随着可感知觉的链条更省力的方式将我们带向最后的终点。思想-路径（thought-paths），这是多么奇妙的捷径。诚然，大多数思想-路径都替代不了任何现实；它们完全终止于实在的世界之外，终止于难以捉摸的幻想、空想、虚构或错误。但是，在它们重新进入实在并终止于实在之中时，我们总是用它来替代实在；而且我们在大多数时候都在运用这种替代。②

无论是谁，如果他在拥有一个经验的时候，觉得这个经验是一个替代性的东西，甚至在他拥有这个经验的时候他也这样认为，那

---

① 关于这一点，我在本文中需要说的只是，我们也可以认为它是功能性的，可以用过渡或者过渡的可能性来加以定义。

② 这就是为什么我称我们的经验总体处于半混沌状态的原因。经验总体中的不连续性比我们通常所认为的要多得多。每个人的经验的客观核心，即他自己的身体，确实是一个连续的知觉；这个身体的物质环境同样是一个连续的知觉（尽管我们可能没有注意到这一点），它随着身体的运动而呈现逐渐过渡的变化。但是，物理世界中距离我们遥远的部分在任何时候对我们来说总是不在场的，它们只是构成一些概念性的对象，只是在一些不连续的和相对罕见的点上，我们的生活才进入它们的知觉实在。无数思想家追随他们的几条在物理方面真实的思想路线，围绕着实在的物理世界的几个客观核心——其中一部分是共有的和共同的，一部分是无联系的——寻找一些途径，这些途径只在不连续的知觉点上相交，其他时候则毫不相干；在所有那些共有的"实在"的周围漂浮着巨大的经验云雾，这些经验是完全主观的，不能替代知觉实在，甚至不能在知觉世界中为自己找到最终的归宿，它们只是个人心中的幻想、喜悦、痛苦和希望。它们确实彼此在一起，而且与客观核心在一起，但是它们可能永远不会产生任何相互关联的系统。

么我们就可以说他还拥有一个超越这经验本身的经验。这个经验从其自身实体的内部表现了"更多的东西",设定了存在于别处的实在。对先验论者——他们认为知识乃是跨越"认识论鸿沟"的致命跳跃(salto mortale)——来说,这样的观念不存在什么困难;但乍一看,这似乎与我们的经验主义并不一致。我们不是曾经说过,概念性知识之所以成为概念性知识,完全是因为在能知的经验自身之外存在的那些事物——中介经验和它到达的终点吗?在构成知识的这些要素出现之前,知识能够存在吗?如果知识不存在,怎么会有客观参照(objective reference)?

解决这一难题的关键在于区分:已被证实的和完成的认识,与正在途中的和进程中的认识。就拿我们在前面所举的纪念堂的例子来说,只有当我们对纪念堂的观念实际上终止于那个知觉时,我们才"确定"地知道它从一开始就真正认知那个东西。在这样一个过程完成之前,它对那个东西的认识究竟如何,或者甚至对任何事物的认识究竟如何,都是值得怀疑的;然而,现在的结果表明,认识确实是存在的。在我们通过知觉的追溯确证能力来证明我们是纪念堂的现实认识者之前,我们早就是它的潜在认识者了。同样,由于使我们终有一死的这种不可避免的事情的潜在性,我们一直都是"会死的"。

我们所具有的绝大部分知识从未超过这个潜在阶段。它们从未被完成或固定。我所说的不仅是我们对以太波(ether-waves)或离解"离子"(dissociated 'ions')之类的不可感觉的东西的观念,也不仅是我们关于他人的心灵内容之类的"心象"观念;我所说的还包括这样一些观念,如果我们愿意费心去证实的话,我们可以证实它们，但是，尽管它们没有终止于知觉，我们仍然认为它们是真的，因为没有任何东西对我们说"不"，我们也看不到与之矛盾的真理。如果我们连续地进行思想而未受到挑战，那么在百分之九十九的情况下我们实际上对完整意义上的知识进行了替代。由于每一个经验都通过认知的过渡进入下一个经验，而我们丝毫感觉不到它们与我们在别处所认识的真理或事实相冲突，我们便顺应潮流，好像它们是可靠的港湾。可以说，我们生活在前进的波峰的前缘，我们对向前落下的确定方向的感觉，就是我们对未来道路的全部把握。这就好像微分商（differential quotient）是有意识的，并将自己视为回溯曲线（traced-out curve）的适当替代。我们的经验，除了其他之外，还具有速度和方向的变化，它更多地生活在这些过渡中而不是旅途的终点。我们对趋向的经验足以让我们采取行动——即使后来的证实过程完成了，我们在采取行动的那些时刻还能多做些什么呢？

这就是我作为一个彻底经验主义者对这样一个指控——客观参照（它是我们的经验的显著特征）包含［认识论的］鸿沟和致命的跳跃——的回应。确定的连接性过渡既不包含鸿沟，也不包含跳跃。它是我们所说的连续性之源，它在哪里出现，就在哪里造成连续。客观参照指这样一个事实，即我们的很多经验并未完成，是由过程和过渡组成的。我们的经验域和我们的视域一样，没有明确的界限。两者总是被不断产生的更多事物（a more）所环绕，并随着生活的进行不断为之所取代。一般说来，这里的关系与关系者是同样实在的，而先验论者唯一能让我感到同情的抱怨是，他指责我首先认为知识由外在关系组成，然后又承认这些知识在十分之九的情况下并非是现实的而只是潜在的,这样我就破坏了知识的坚固基础,并以欺骗手段用知识来替代实在的事物。这样一位评论家可能会说,只有承认我们的观念是自我-超越的,并且在被经验终结之前就已经是"真的",才能在这样一个世界里——只在例外情况下才完成经验的过渡与终结——挽回知识的牢固性。

在我看来,这是运用实用主义方法的绝佳之处。那个被认为先于所有的居间经验与终点经验而存在的自我超越被认识为什么?如果它为真,它会为我们产生什么实际结果?

它只能使我们确定方向,将我们的期望和实际倾向转向正确道路;只要我们和对象尚未面对面(或者永远不能面对面,例如他人的心象),这里所说的正确道路就是引导我们进入最接近对象附近区域的道路。在缺乏直接认识的地方,"关于……的知识"便是次好的,直接认识对象周围的实际情况以及与之最密切相关的东西,我们便会掌握这种知识。例如以太波和你的愤怒,我的思想永远不能以知觉的方式终结于它们之上,但是我关于它们的概念把我带到它们的边沿,带到以太的色边,带到你伤人的言行,这些便是这些概念实际产生的次级结果。

即使我们的观念确实具有这种假定的自我-超越,这一点仍然是正确的:对我们而言,观念让我们拥有这样一些效果,乃是这个自我超越的唯一票面价值。毋庸赘言,我们经验主义的账户上不折不扣地兑现了这个票面价值。因此,根据实用主义原理,关于自我超越的争论是纯粹的文字之争。只要我们对这个崇高品质[即自我超越]的果实——当然,这果实是对我们而言的果实,是人本主义的果实——的本质没有不同看法,无论是把我们关于心象之类东西

4. 认识者与被认识者的关系

的概念叫作自我超越的还是叫作非自我超越的,都没有什么区别。

先验论者认为他的观念是自我超越的,只是因为他发现它们事实上确实结出了果实。为什么他要和一种为这结果命名的知识学说争吵呢?为什么不把观念的一步一步的作用视为其自我超越的本质呢?认识实际上更像是我们生动活泼的生命的一种功能,为什么坚持认为它是一种永恒的静止态关系?洛采说,一个事物若有效,等于让其自身变得有效。当整个宇宙似乎都只是让自身变得有效,而且仍然是不完备的时候(否则,为什么它总是在不断变化呢?),为什么在所有事物中唯独认识是个例外?为什么它不能像其他事物一样让自身变得有效呢?当然,经验主义哲学家和其他任何人一样,可能总是希望它的某些部分已经有效,或者已经无可争辩地得到了证实。

5. 人本主义的本质[①]

人本主义已经成为一种"持久稳定"的发酵剂。它不是一个单一的假说或定理,也不涉及任何新的事实。它是哲学视角的缓慢转变,使事物从一个新的兴趣中心或视点呈现出来。一些学者清楚地意识到了这种转变;另一些学者则是半知半觉,尽管他们自己的视野可能已经发生了很大变化。结果,这在辩论中造成了不小的混乱,半知半觉的人本主义者经常参与反对彻底的人本主义者,就好像他们想站在另一阵营一样。[②]

如果人本主义确实代表着这种视角的转变,那么显而易见的是,如果人本主义盛行的话,哲学舞台的整个场景将在某种程度上发生改变。事物的重点,它们的前景和背景的分布,它们的大小和价值,都不会一成不变了。[③] 如果人本主义会产生如此广泛的效果,

---

[①] 转载自1905年3月2日的《哲学、心理学与科学方法》第二卷第5期。

[②] 例如,鲍德温(Baldwin)教授。在我看来,他发表在1898年1月的《心理学评论》(*Psychological Review*)上、后来收入他的"发展与进化"("Development and Evolution")中的演说"选择性思维"("Selective Thinking")是一篇写得非常好的实用主义宣言。然而他在1904年1月发表于同一杂志上的"实用主义的界限"("The Limits of Pragmatism")一文却加入了(虽然不是那么明显)攻击我们的阵营。

[③] 在我看来,杜威教授的一系列文章很好地体现了伦理方面的变化,而这些文章只有印成书,才能得到应有的重视。我指的是:刊载于《心理学评论》第二卷第13页的"情感的意义"("The Significance of Emotions");刊载于同上杂志(转下页)

那么显然哲学家们可能付出的任何努力——首先是定义它,然后是促进、审视或引导它的前进——都不会白费。

目前,人本主义苦于没有完善的定义。最为系统地倡导人本主义的席勒和杜威也仅仅发表了一些零散的纲领;它对许多重要哲学问题的影响,除了反对者之外还没有人加以探讨,这些反对者先是嗅出异端邪说的气息,然后对这些学说予以猛烈攻击——例如说它是主观主义和怀疑主义——任何一个好的人本主义者都会认为没有必要接受这些批评。而反人本主义者对人本主义的其他更多观点的沉默,也使人本主义者感到困惑。大部分争吵都涉及"真理"这个词。在辩论中,真正地了解对手的观点总是有好处的。但是人本主义的批评者在使用"真理"一词的时候,从来没有确切地定义过它的含义。人本主义者不得不猜测他们的观点,结果自然是白费力气。此外,两个阵营内部的个体之间也存在巨大分歧。由此可见,在当前情况下,最为迫切需要的是双方都更加清晰地界定自己的核心观点。

无论是谁,只要他能稍微清晰地给出真理的定义,都会有助于我们确定每个人的观点以及每个人的立场。每个人都能给出这样

(接上页)第三卷第357页的"心理学中的反射弧概念"("The Reflex Arc Concept in Psychology");刊载于同上杂志第七卷105页的"心理学与社会实践"("Psychology and Social Practice");刊载于同上杂志第九卷第217页的"对野蛮人心灵的解释"("Interpretation of Savage Mind");刊载于《哲学评论》第一卷第593页的"格林的道德动机理论"("Green's Theory of the Moral Motive");刊载于同上杂志第二卷第652页的"作为道德理想的自我实现"("Self-realization as the Moral Ideal");刊载于同上杂志第六卷第43页的"努力心理学"("The Psychology of Effort");刊载于同上杂志第十一卷第107页和第353页的"应用于道德的进化方法"("The Evolutionary Method as Applied to Morality");刊载于《一元论者》(*Monist*)第八卷第321页的"进化与伦理学"("Evolution and Ethics");这里仅举有限几例。

的定义；若无此定义，便无人确切知道他的立场。如果我在此时此地提出自己对人本主义的临时定义，那么其他人可以改进它，一些对手可以借此通过对比来更清晰地定义自己的信条，并且可能在某种程度上加速形成一个总的观点。

一

在我看来，人本主义的主要作用在于认识到：尽管我们经验的一个部分可能依赖另一个部分，使其在我们所考察的几个方面中的每一方面成为现在的样子，但是经验作为一个整体，它是自足的，不依赖任何东西。由于这一原则也表达了先验唯心主义的主要观点，因此需要充分的解释才能使其含义明晰。乍一看，它似乎否认有神论和泛神论。但是事实上它不必否认这两者中的任何一个；一切都取决于解释；如果这个原则有一天成了正典，肯定会发展出右翼和左翼的解释。我本人以有神论的和多元论的方式来解读人本主义。如果上帝存在，那么上帝不是绝对的全经验者（absolute all-experiencer），而仅仅是现实意识跨度最大的经验者。这样解读的人本主义对我来说是一种可以合理辩护的宗教，尽管我很清楚有很多人认为，只有当它被解读为一元论的时候，它才可能具有宗教的意义。从伦理上讲，我认为它的多元论形式比我所知的任何其他哲学都更能把握实在——它本质上是一种社会哲学，一种"连合"哲学（philosophy of 'co'），在这种哲学中连接词发挥着作用。但是我提倡它的主要理由在于其无与伦比的理智上的经济性。它不仅摆脱了一元论常有的一些"问题"（"恶的问题"、"自由问题"等等），

5. 人本主义的本质

而且摆脱了其他形而上学的神秘与悖论。

例如，它全然拒绝承认超-经验的实在假设，由此摆脱了整个不可知论的争论。它坚持我们在经验中看到的连接性关系是完全实在的，因此它丝毫不需要布拉德雷的那种绝对者（就理智的目的而言这种绝对者毫无用处）。它以实用主义的方式解决知识问题，因此不需要罗伊斯的(roycean)那种绝对者（这种绝对者同样毫无用处）。既然人本主义的知识观、实在观和真理观是迄今为止受到最猛烈抨击的观点，那么目前最迫切需要的便是澄清这些学说的要旨。因此，我将尽可能简明扼要地阐述这几个领域中我认为属于人本主义的观点。

二

如果我们承认上面加着重号的人本主义核心观点，那么我们便会得出这样的结论：如果真的有认识(knowing)这种事情，那么认识者和认识对象一定都是经验的一部分。因此，经验的一个部分必定或者

（1）认识经验的另一个部分——换言之，正如伍德布里奇（Woodbridge）教授所说①，是各部分相互表象，而不是表象"意识"之外的实在（这种情况属于概念性知识）；或者

（2）它们最初必定只是作为许许多多终极存在的这(thats)或事实(facts)而存在；继而作为一个复杂体，而经验中的任何一个这，

---

① 请见1904年11月4日的《科学》(Science)杂志第599页。

在不将其实体分为两半的情况下，由于两种不同的环境——在一般的经验过程中，它被编织在这两种环境中——必定交替充当被认识的事物和关于该事物的知识。①

这第二种情况是感官-知觉的情况。思想有一个超越常识的阶段，对此，我将在下文中详细阐述；但是常识阶段是一个非常确定的思想驻地，它主要是为了行动；而且，只要我们停留在思想的常识阶段，对象和主体就融合在"表象"或感官-知觉这一事实中——例如，我现在看到的正在书写的笔和手，就是这两个词所指向的物理实在。在这种情况下，并不存在什么隐含在认识中的自我-超越。在这里人本主义只是一种碎片化的同一哲学（identitätsphilosophie）。

相反，在第(1)种情况下，表象的经验在认识作为其对象的另一经验时确实超越了其自身。任何人在通过一个经验来谈论另一个经验时都不可能不把它们看成数目上不同的存在物，其中一个沿着某个方向、以一定的间隔处于另一个之外，与之分开，而这个方向与间隔是可以明确地指出来的。但是，如果谈话者是一个人本主义者，他必定还会以具体的方式和实用主义的方式看待这一距离-间隔，并且承认它由其他居间经验——如果不是现实的经验，就是可能的经验——组成。例如，把我现在关于我的狗的观念称为对实在的狗的认知，这意味着，当经验的现实组织结构出现时，这个观念能够引导我进入一系列其他经验，从一个到下一个，最后终结于

---

① 对于那些没有读过我在1904年《哲学、心理学与科学方法》第一卷上发表的两篇文章——"意识存在吗？"（"Does Consciousness Exist？"）和"纯粹经验的世界"（"A World of Pure Experience"）——的读者来说，这句话可能过于晦涩难懂了。

对一个跳跃的、吼叫的、毛茸茸的动物的活生生的感官-知觉。根据我的常识，这些就是实在的狗，狗的全部存在。如果这个假定的谈话者是一位深奥的哲学家，尽管这些对他来说可能不是实在的狗，但它们意指实在的狗，实际上替代实在的狗，就像表象是它们的实际替代者，比如说，他认为实在的狗是许多原子或者心理-质料（mind-stuff），那么他的经验里与我的经验里那些感官-知觉所在之处，便是这些原子或心理-质料所在之处。

三

这里的这位哲学家代表的是超越常识的思想阶段，它与常识的不同之处仅仅在于他"置入"（interpolates）又"推出"（extrapolates），而常识则并非如此。根据常识，两个人看到的是同一条实在的狗。哲学注意到他们知觉上的实际差别，指出这些知觉的二重性，并在它们之间置入了一些东西，作为更实在的终点——首先是器官、内脏等；其次是细胞；然后是终极的原子；最后可能是心理-质料。因此哲学家们认为，这两个人最初的感觉终点并非像人们原来认为的那样彼此汇合，并且与实在的狗-对象汇合，而是被看不见的实在所隔开，它们至多与这些实在毗连。

现在，取消其中一个知觉者，置入就变成了"推出"。剩下的那个知觉者的感觉终点在哲学家看来并非完全接近实在。哲学家认为，那个知觉者只是把经验的进程带到了一个确定的、为了实践而驻扎的营地，这是通往超越的绝对真理的道路上的一个驿站。

然而，人本主义者一直认为，即使哲学家所猜测或相信的更绝对的实在也没有绝对的超越性。内脏和细胞只是紧接着对外部身体知觉之后的可能知觉。原子，虽然我们可能永远无法拥有感知它们的手段，但是我们仍然以知觉的方式定义它们。心理-质料本身被看作一种经验；我们可以假设（从逻辑上说，我们绝不能将这种假设排除于哲学之外）两个认识者认识同一心理-质料，在我们的不完备认识可能转变为完备类型的认识的那一刻，他们认识的心理-质料"交汇"了。即便如此，你和我还是习惯性地认为我们两人的知觉和实在的狗是交汇的，尽管只是暂时的，尽管只是在思想的常识阶段。如果我的钢笔是由心灵内部的心理-质料组成的，那么现在这种心理-质料和我对钢笔的视觉感知之间就没有交汇之处了。但是我们可以想象，或许会有这样的交汇；因为就拿我的手来说，我对于这只手的视觉和对于它的内心感觉（可以说是心理-质料），甚至现在也能够像任何两个东西交汇一样交汇起来。

因此，人本主义认识论没有任何断裂。无论我们认为知识是理想的完满的，还是其真的程度只足以达到实践的要求，它都是一个连续的体系。实在，无论多么遥远，总是被我们规定为经验的总的可能性中的一个终点；而它的认识者则被规定为一个"表象"它的经验，就该认识者在我们的思想中可以替代它（因为该认识者导向同样的联系）而言，或者就该认识者通过一系列介入的或者可能介入的其他经验"指向它"而言。

在这里，绝对实在与感觉的关系如同感觉与概念或想象的关系一样。两者都是暂时的或最后的终点，感觉只是实践者习惯驻足的终点，而哲学家则以更加绝对的实在的形式投射出一个"彼岸"（beyond）。这两个终点，分别代表思想的实践阶段和哲学阶段，都是自足的。它们并非对其他任何事物为"真",它们只是存在,是实在的。正如前面我以着重号表述的原则所说,它们"不依赖任何东西"。相反,整个经验结构都依赖它们,就像太阳系的整个结构(包括许多相对位置)在太空中的绝对位置都依赖于太阳系的每一颗组成星体。人们在这里又一次看到一种新的多元论形式的同一哲学。

四

如果我成功地澄清了这一点(尽管我担心,概括与抽象的表述可能会让我失败),读者会发现,我们的心灵操作的"真理"肯定总是经验之内的事情。当一个概念能够将我们引向感觉时,常识就认为它是真的。对常识来说,这感觉与其说是"真的",不如说是"实在的",哲学家认为只要它覆盖(毗邻或占据)更加绝对实在的经验——在哲学家看来,他有理由相信,就更遥远的经验者而言,这种可能性是存在的——它就暂时是真的。

同时,对于任何一个人——无论他是哲学家还是普通人——来说,究竟什么才是真的,那总是他的统觉造成的结果。如果一个新的经验,无论它们是概念性的还是感觉性的,与我们已有的信念体系产生剧烈冲突,那么在百分之九十九的情况下它会被看成错误的。只有当新旧经验足够协调,能够相互了解和相互修正时,才会产生我们所认为的真理进步。然而,在任何情况下真理必定都不是我们的经验与某种原型或超-经验的东西之间的关系。如果有一天我们获得了绝对终极的经验,我们所有人都认同的经验,不会被进一步修正的经验,那么这些经验将不是真的,它们是实在的,它们只是存在，实际上是所有实在的支柱、基点和关键，其他一切事物的真理都停驻于其上。只有那些通过令人满意的连接被引向它们的其他事物才是"真的"。"真理"这个词的全部含义就是与这样的终点建立起某种令人满意的联系。在思想的常识阶段，感觉的呈现便是这样的终点。我们的观念、概念和科学理论只有将我们和谐地带回到感觉世界的时候，才会被认为是真的。

我希望许多人本主义者支持我的这一尝试，即探寻这种看待事物的方式的更本质特征。我几乎可以肯定杜威先生和席勒先生会这样做。如果攻击者也能对此略加考虑，那么争论将不会像以前那样离题太远。

6. 再谈真理[①]

如果根据我在谈话中所听到的有关内容来判断，那么我在使人们相信我的真理观方面的努力几乎完全失败了。一个普通的哲学家会为之感到沮丧，一个普通的性情暴躁的罪人会因之诅咒上帝并死去。但是我并未绝望，斗胆变换我的论述，寄望于水滴石穿，寄望于我的论述若被置于有助于理解它们的更"大"环境中，它们不会那么晦涩难懂。

为了避免伤及其他实用主义者——无论他们是谁——我将把我想让人理解的概念说成是我自己的。它首次发表于1885年，在本书重印的第一篇文章中。这篇文章的基本观点分别于1893年和1895年得到D. S. 米勒[②]教授的支持，1895年我在心理学会上所做的主席演讲"关于集合事物的认识"[③]（"The knowing of things together"）重申了这些观点。斯特朗（Strong）教授在《哲学、心理学与科学方法》等刊物[④]上发表了一篇文章，题为"一种关于思想指

[①] 转载自1907年7月18日出版的《哲学、心理学与科学方法》。
[②] 《哲学评论》（*Philosophical Review*）第二卷第408页以及《心理学评论》（*Psychological Review*）第二卷第533页。
[③] 其相关部分见上文第43页。［英文原著——译者］
[④] 第一卷第253页。［指：*The Journal of Philosophy, Psychology and Scientific Methods*, Vol.1, No.10 (May 12, 1904), pp.253-260。——译者］

称实在的自然主义理论"("A naturalistic theory of the reference of thought to reality")的文章,他在这篇文章中把我们的观点称为"詹姆士-米勒认知论"(the James-Miller theory of cognition),据我理解,他对此学说表示赞同。但是,清楚地表述这些哲学精髓是非常困难的,这些受人尊敬的同行都曾私下告诉我,我现在对于真理的解释——对我来说,它不过是更完整地阐述了早先的说法——对他们来说是不够的,似乎遗漏了真正认知的要点。如果这些亲密的朋友尚不同意,我又能从生疏的朋友那里期待什么呢?又能从不友好的批评者那里期待什么呢?

不过,我确信问题一定出在我那蹩脚的表述上,而不是因为我的学说,因此我想再次予以说明。

一

是否有一些一般性的特征可以帮助我们先行达成共识?斯特朗教授区分了他所说的"跳跃的"(saltatory)关系和"行走的"(ambulatory)关系。例如,"差异"是跳跃的,可以说是从一端直接跳到另一端,但是时间或空间的"距离"是由我们连续行走的经验的中间部分构成的。数年前,当 T. H. 格林的观念流行于世的时候,他对英国感觉主义的批评让我感到非常苦恼。尤其是他的一个弟子总是对我说:"是的!端点可能确实起源于感觉;但是关系除了自上降临到感觉上的纯粹理智行为,除了一种更高本质的纯粹行为,还能是什么?"我清楚地记得,有一天我突然获得了解脱,因为我意识到空间-关系无论如何是与它们连接的端点同质的。端点是

6. 再谈真理

空间,关系是介于不同端点之间的空间。[①] 因为对于格林学派来说空间关系是跳跃的,而对于我来说,从那时以后它们是行走的。

现在,将我的知识观与流行的知识观(它也是绝大多数认识论者的观点)加以区别的最一般方法,就是把我的观点称为行走的,将另一种观点称为跳跃的;而描述这两种观点的特征的最一般方法是这样说:我的观点描述了具体存在的认识,而另一种观点只是描述了以抽象的方式看待的认识结果。

我担心绝大多数执拗的读者看不到,在具体情况下是行走的观点也可以抽象的方式看成跳跃的。例如,距离是通过清空具体间隔中的所有特殊的事物来抽象的——它因此被简化为一个唯一的"差异",一个"位置的差异",这是一个逻辑的或跳跃的特征,一个所谓的"纯粹关系"。

所谓的"认知"关系也是如此,它将一个观念与一个实在联系起来。我将这种关系描述为完全行走的关系。每当我们在观念推动下走向一个对象时,我说我们就通过一个观念认识了一个对象。如果我们相信所谓的"可感的"实在,那么这个观念不仅可以把我们带向它的对象,而且可以把后者交到我们手中,使它成为我们的直接感觉。但是,如果像大多数反思者所认为的那样,可感的实在不是"实在的"实在,而仅仅是它们的现象,那么我们的观念至少让我们接触到实在的最真实的现象和替代者。无论怎样,我们的观念都会把我们带到对象的周围——无论是实际的还是观念的,让我

[①] 参见我的《心理学原理》(*Principles of Psychology*)第二卷第148页,第153页。

们与之产生联系,帮助我们更密切地了解它,使我们能够预见它,对它进行分类、比较、推理,简言之,就是应对它,因为我们若不掌握这个观念,便不可能应对它。

因此,如果我们从功能上来考虑,这个观念就是一个工具,使我们能够更好地与对象打交道,并对其采取行动。但是观念和对象都是实在总体的一般构成的一个小部分;当我们说观念将我们引向对象时,那只是意味着它带领我们穿过那个实在的中间地带,进至对象的近邻,至少是它的相关物,无论这些是其物质上的近邻,还是只是其逻辑上的同类。我们被带到更接近对象的区域,我们的直接认识和行为都得到改善;由此我们说,通过这个观念,我们现在更好地或更真地认识了对象。

我的观点是,这个认识是由穿过中间经验的行走造成的。如果这个观念没有把我们引向任何地方,或者使我们远离而不是朝向那个对象,我们还能说它有什么认知性质吗?当然不能,因为只有当它与中间经验结合在一起时,它才会与那个特殊的对象而不是与自然中的其他部分相关。这些中介经验决定了它所发挥的特殊的认识功能。它们引导我们所到达的终点告诉我们该观念"意指"的对象是什么,它们给我们提供的结果"证实"或"反驳"了该观念。因此居间的经验是具体的认知关系不可或缺的基础,正如居间的空间是距离关系不可或缺的基础。只要我们具体考察认知,它都意味着,从起点通过中介去往或朝向终点的确定的"行走"。因为中介经验不是终点,而是通过通常的关联纽带(无论它们是"外在的",还是"逻辑的",即根据特征进行的分类)与它们相连,认识过程似乎没有什么特别之处。它们完全处于经验之内;我们要描述它们,

6. 再谈真理

除了我们用来描述其他自然过程的范畴，无需任何其他范畴。

另一方面，没有哪个过程，我们不能以抽象的方式加以考察，把它们简化为基本的骨架或轮廓；当我们这样看待认识过程时，我们很容易认为它们是自然中独一无二的。因为我们首先把观念、对象和中介的一切特殊性都清除掉，只保留一个一般的框架，然后我们只考虑后者产生结果的功能，而不考虑它作为一个过程的特征。经过这种处理，中介就缩减为一个纯粹的分离空间，而思想和对象作为分离的端点就只有逻辑上的区别了。换言之，中介的具体特性在于构成一座桥梁，现在却以观念的形式缩减成了一个要跨越的空的间隔，于是两个端点之间的关系就变成了跳跃的关系，认识论的整个把戏就开始了，不再虑及具体的认识过程。观念"意指"一个被"认识论鸿沟"隔开的对象，它现在进行的是莱德教授所说的"致命的跳跃"；在认识对象的本质时，它现在"超越"了它自己的本质。对象反过来又"出现"在它并不真正出现的地方，等等；直到最后我们手中只剩下一个框架，我们中的一些人认为，除了"绝对者"之外，没有什么可以解释这个极端悖论。

观念和对象之间的关系因此变成了抽象的和跳跃的，从此这种关系作为更本质的和更在先的东西，与其自身的行走的自我相对立，更具体的描述则被贴上了虚假或不当的标签。中介的桥梁作用，无论是现实的还是可能的，在每个真实的认识中都是承载和规定认识的，但是它却被视为偶尔出现的并发现象，甚至无需潜在地存在。我相信，这种让抽象反对具体——抽象是从具体抽出来的——的粗俗谬误，是造成我对认识的解释如此不受欢迎的主要原因，因此我想就这个一般性问题多说几句。

任何连接性的载体，如果我们把它的所有特殊性都抽出来，那么我们手上就只剩下它所连接的原来分离的东西了。但是，为了不致把由此产生的自相矛盾视为辩证法的巨大成就，我们所需要的只是恢复我们所拿走的一部分东西，无论它多么小。至于认识论的鸿沟，我们应采取的第一个合理步骤是记住，鸿沟中曾经充满了一些经验材料，无论是概念性的还是感觉性的，它们曾起到某种桥梁作用，使我们免于致命的跳跃。如此一来，我们就在讨论的问题上恢复了不可缺少的实在，我们就会发现我们的抽象处理确实是有用的。我们避免了特例的牵绊，同时也不会陷入无端的矛盾。现在，我们可以描述认知的一般特征了，以一种普遍的方式来说明认知对我们的总体作用。

我们必须记住，这个对认识的大体研究是在反思层面上发展起来的。在每一个真实的认识瞬间，我们所想的都是我们的认识对象，而不是我们自己瞬间认识它的方式。我们此刻的认识对象恰好是认识本身；但是我想读者会同意，他当前对这一对象的认识只是以抽象的方式，并且以预期的方式，包含在他可能获得的结果中。当他进行推理时，他心中具体出现的是某个设想的客观的认识情况，就像他设想它发生在某个别人那里一样或者从他自己的过去将它回忆起来一样。因此，作为批评者，他看到认识既包括观念和对象，也包括引导认识者从观念走向对象的过程。他看到这个观念离对象很远，而且无论是否通过中介，它都确实与对象有关。他看到它的作用因此超出了它的直接存在，并抓住了一个遥远的实在；它跳过了自身，超越了自身。当然，它是借助外物来完成这一切的，但是借助的外物一到，它就完成了，而且结果可靠。那么，为什么

6. 再谈真理

不忽略手段,就它们自身来谈论结果呢?为什么我们不认为这个观念简单地把握或直观实在(不管怎样,它有这个能力,在幕后一下子击中自然,立即直接地认识事物)?为什么我们总是要费劲搭桥呢?——这样做只会阻碍我们的讨论。

如此抽象地谈论认知的结果无疑是方便的;只要我们不忘记或断然否认它所忽略的东西,它无疑是合法的,正如它是方便的。我们有时可以说我们的观念一直意指那个特殊的对象,它之所以引导我们到达那里,是因为它内在地或本质上属于那个对象。我们可以认为,对它的证实是基于它原有的认知品质——以及其他所有品质——只要我们知道这些只是我们思想的捷径,这样做就不会有什么危害。就其自身而言,这些陈述肯定是对事实的真实陈述,只是在陈述中遗漏了大量的事实,而这些事实必须得到恢复,才能使关于实在情况的陈述真正是真的。但是,如果你不仅被动地忽视中介,而且主动地否认它们[1]是你如此重视的结果之潜在必要条件,那么你的认识论就无可换回地崩溃了。你就像一个沉迷于钦佩拿破仑的个人力量的历史学家,无视他的元帅和他的军队,并且指责人们把他的征服描述为通过他们实现的,这就大错特错了。大多数批评我的观点的人都具有我所指责的这种抽象性与片面性。

我在《实用主义》一书的第二讲里举了一个例子,一只松鼠围绕树干爬行,以避开一个追赶者的视线,那个人和松鼠都围绕着树走,问题是那个人围绕着松鼠走吗?我说这完全取决于你所说的

---

[1] 这就是我在 1909 年出版的《多元的宇宙》(*A Pluralistic Universe*)一书中所说的"恶的理智主义"的谬论。

"围绕着走"是什么意思。在一种意义上那人"围绕着走",在另一种意义上却并非如此。我通过实用主义的方法来区分"围绕着走"的不同含义,从而解决了这个问题。但是我也谈到,一些争论者如何将我的这种区分视为一种敷衍了事的逃避,坚持他们所说的"纯正的英语中的围绕着-走"。

对于这种简单的情况,很少有人会反对我们将有争议的词语翻译成更具体的对应词。但是,对于复杂的活动,例如我的认识,他们的反应就不同了。在我能想到的每一种情况下,我都充分赋予认识观念以具体的特殊的价值,可是我的批评者却认为我的论述将"纯正的英语中的认识"排除在外了。他们似乎认为我在做减法,而他们在做加法。

在我看来,这个事情的本质是,尽管认识既可以抽象地描述,也可以具体地描述,尽管抽象的描述往往足够有用,但是它们都被更具体的描述所吸纳和吸收,毫无残留,而且它们并不包含任何本质上不同的或更高的东西,因此人们没有理由指责具体的描述遗漏了这些东西。认识只是一个自然的过程,就像任何其他自然过程一样。如果我们愿意的话,没有任何行走的过程,其结果不能以跳跃的词语来描述或者以静态的方式来表达。例如,假设我们说一个人很"谨慎"。具体来说,这意味着他购买保险,在下注时进行对冲,三思而后行。这些行为是否构成了谨慎呢?它们就是那个谨慎的人吗?还是谨慎本身是独立于这些行为之外的东西?作为他的一种固定习性,一种稳定的基本性格,我们可以很方便地说他很谨慎——从他的任何一种行为抽象出来的谨慎,一般的和毫无特定性质的谨慎,并且我们可以说这些行为源于先在的谨慎。他的心-身

6. 再谈真理

系统有其特质,使他行事谨慎;我们的思想有其联想的倾向,使得一些思想成为真理,另一些思想成为错误。但是,如果没有所有这些行为,这个人还是谨慎的人吗?或者,如果思想没有联想或驱动倾向,它们会是真的吗?毫无疑问,我们没有权利这样把静态的本质与它们所寓于其中的动态过程对立起来。

我的卧室在我的书房上面。这里的"上面"是否意指任何不同于具体空间——从一处到另一处必须经过它们——的东西?你可以说,它意指一种纯粹的地形关系,建筑师在永恒本质世界中的一种规划。但是这并不是完整的上面,因为它只是一个缩写的替代者,有时可能会引导我的心灵朝向更真实的即更完整的、与之打交道的上面。它不是一个先在的上面,而是从现实的上面提取出来的后在的上面。为了方便起见,我们确实可以说抽象的框架好像是在先的,我们可以说"我必须上楼去,是因为那个本质的上面(essential aboveness)",正如我们可以说,那人"确实行为谨慎,是因为他内在的谨慎",或者我们的观念"之所以能真正引导我们,是因为它们内在的真理"。但是这并不妨碍我们在其他场合使用更完整的描述形式。一个具体事实在任何形式的描述下总是相同的,就像我们说一条线,现在它从左向右延伸,现在它从右向左延伸。这些不过是同一事实的不同名称,一个更便利于在这个时间使用,一个更便利于在那个时间使用。认知的全部事实,无论我们以什么方式谈论它们,即使我们以最抽象的方式谈论它们,它们都不可改变地存在于经验-连续体的现实与可能中。①但是我自己的更具体的描述在我

---

① 在某些情况下,认知过程的最终对象或终点可能超出某个特殊的认(转下页)

的批评者看来,它似乎是不完整的,似乎这个完整的经验连续体却遗漏了什么似的。

那些将更抽象的描述与更具体的描述对立起来的人,他们最喜欢的一种方式是,指责那些赞成后者的人"将心理学和逻辑学混为一谈"。我们的批评者说,当我们被问到真理意指什么时,我们只是回答说它是如何得到的。他们说,既然意义是一种静态的与时间无关的逻辑关系,它怎么可能等同于人的转瞬即逝的具体经验呢?这听起来确实很深奥,但是我质疑这种深奥。我敢说,任何人都无法说明逻辑学和心理学在这里有什么区别。逻辑关系之于观念与对象之间的心理关系,就像跳跃的抽象性之于行走的具体性。这两种关系都需要心理载体;"逻辑"关系不过是简化的"心理"关系,它剥去了心理关系的丰富内容,将其简化为一个空洞的抽象框架。

不久前,一名获释的囚犯试图行刺对他判刑的法官。他显然成功地将法官永恒化了,他剥离了那位法官的所有具体情况(诸如陪审团的裁决、法定的义务、毫无个人怨恨、可能的同情心)——正是这些具体情况赋予判决(作为时间中的特殊的人的行为)以完整的心理学特征,将那位法官简化为一个空洞的逻辑的意义,即他的"敌人和迫害者"。诚然,这个判决对罪犯是不利的;但是哪个判决观念是更真实的?是空洞的逻辑定义,还是丰满的心理学说明?反实用主义者应该始终如一地支持罪犯对案件的看法,将法官视为罪犯的逻辑敌人,而将其他情况作为无关紧要的心理因素排除在外。

(接上页)知者的直接经验,但是它无疑必定作为整个经验世界的一部分而存在,评论家正在讨论的是经验世界的构成,认知是经验世界的一部分。

二

我觉得我的学说之所以不为人们所接受,可能还受到另一个障碍的阻碍。像杜威和席勒一样,我不得不说,一个观念的真理取决于它让人满意。但是满意是一个主观的词,就像观念一样;而真理通常被认为是"客观的"。即使那些认为满意是我们唯一的真理标志、是我们拥有这珍宝的唯一标记的读者,他们也会说我的论述完全遗漏了观念与对象("真理"一词所指向的东西)之间的客观关系。我还担心,我这可怜的名字与"信仰的意志"(在我看来,"意志"不应在这场讨论中扮演任何角色)之间的联系在某些方面也不利于我的声誉。我的对手可能会认为我与那不洁之物私通,而你们这些真正的真理热爱者必定以赫胥黎式的英雄主义来论述真理,并且似乎认为真理要成为真正的真理,应该完全抛弃我们的一切满意。这种分歧无疑证明了我们讨论领域的复杂性;但在我看来这些分歧也是由误解造成的,我将通过进一步的解释来消除这种误解(尽管成功的希望微乎其微)。

首先,我请求我的反对者,在他们谈到一个绝对的、完备的、客观的真理时,要确切地定义他们心中所想的是何种东西;然后,我将向他们挑战,请他们在我自己描述的词语之外,向我展示这种真理还有何存在空间。我认为,这种真理完全属于我的分析范围之内。

首先,真理必定存在于观念和作为观念之对象的实在之间;作为谓词,它必定适用于观念而非对象,因为客观实在并非真,至少在我们现在限定的讨论领域中是如此，因为我们在这里认为它们只是存在，而观念对于它们而言是真的。我们可以假设一系列的观念对于同一个对象越来越真，并且可以问最后一个观念可能达到绝对真的终极途径是什么。

就一个观念而言，我们可以想象到的最大真理似乎是，它会引导我们与对象进行现实的会合，达到完全的交汇和同一。在信念的常识层面上，这就是感官-知觉中真正应该发生的事情。我对这支笔的观念通过我的知觉得到证实；我的知觉暂时被认为是笔——在常识看来知觉和物质实在是同一的。但是感觉生理学批驳了常识，现在人们认为笔"本身"超越了我一时的知觉。然而，对于实在的直接认识究竟是什么，出于我们思辨的目的，这个概念一经提出，就会持续存在。心灵与实在的完全汇合将是真理的绝对极限，没有比这更好或更令人满意的知识了。

毋庸赘言，在我对真理的描述中，这种完全汇合已经作为一种可能性被明确提出来了。如果有一天，一个观念不仅会引导我们朝向、接近或紧靠实在，而且如此紧密，以至于我们和实在融为一体，那么它就通过这个表现而成为绝对真的了。

事实上，哲学家们对这种情况能否发生表示怀疑。他们认为，所发生的只是越来越接近实在，越来越接近令人完全满意的极限；而现实中真理的定义不同于想象的、完备的、客观的真理的定义，它只能是那种观念，即能引导我们接近对象（就我们的经验本性而言是可能的对象）的观念，例如紧靠对象的观念。

现在假设有一个观念对某个客观实在具有这种作用。假设没有更进一步接近的可能，观念与实在之间没有任何阻隔，那么下一

6.再谈真理

步观念就会把我们直接带到实在;这个结果即观念与实在的汇合,将使这个观念在最大程度上——这可能是我们居住的世界上可实际达到的最大程度——是真的。

那么,我无需解释,在我对真理的论述中也提到了这种程度的真理。如果令人满意是真理存在的标志,那么我们可以补充说,以任何不那么真的观念来替代这种真观念,都将被证明是不那么令人满意的。顺着这个思路,我们可能发现我们并未完全触及最后的终点。我们应该更进一步,不达到它决不罢休。

当然,我在这里设定了一个独立于观念而为观念所认识的永久实在。我还设定,我们的满意程度与我们接近这个实在的程度同步增长。① 如果我的批评者质疑后一个假设,我会用前一个假设反驳他们。我们关于永久实在的整个概念是以理想极限的形式发展起来的,它是我们的思想已经引导并仍在引导我们所走向的一系列连续终点的理想极限。每一个终点都是暂时的,都会让我们感到不满意。更真的观念是让我们推进得更远的观念;因此我们总是被终极的、完全令人满意的理想终点概念所召唤。就我而言,我服从并接受这一概念。关于最完满的真理概念的内容,除了到达这样一个终点,我想不出还有什么其他客观内容;除了更真的观念产生的更多的思想上或实践上的满意,我也无法设想这个概念的进步,或者真观念与错误观念或无聊观念的区分。我们能够想象一个人对一个观念、对它与他的其他观念以及他的感觉经验之间的所有关系都十

---

① 如果你愿意的话,可以这样说,不满意会随着这种接近的增加而成比例地降低。接近可以有各种类型——可以是时间或空间上的接近,也可以是种类上的接近,它的一般说法是"复制"。

分满意,却不把它的内容看成对于实在的真实描述吗?因此,真理问题与满意问题是完全一致的。在你的谈话方式中,你可以把它们中的任何一个概念放在第一位,但是,如果你完全忽略了令人满意的效用概念或引导概念(这是我的实用主义解释的精髓),而称真理是一种静态的逻辑关系,甚至是独立于可能的引导或满意,那么在我看来你就抛弃了赖以立足的一切基础。

我担心以上所述仍然晦暗不清。不过,我恳求那些因无法理解我磕磕巴巴的语言而拒绝我的学说的人,以他们自己的名义——而且非常具体地清晰地——告诉我们,他们如此深信的真实的、真正的和绝对"客观"的真理是如何构成和确立的。他们不能指向"实在"本身,因为真理只是我们对实在的主观关系。这个关系的名义本质是什么?它的逻辑定义是什么?凡人是否可以"客观地"达到它?

无论他们怎么说,我坚信我的解释将证明我是允许那种绝对真理存在的,它作为一种预期的真理包含于我的解释中,是所有真理中的一种可能的真理。简言之,在实用主义体系框架之外,在经验主义的效用与引导及其更近或更远的终点所共同构成的复杂丛林——我对它们的论述似乎不够娴熟——之外,并无任何等级或种类的真理存在的空间。

7. 普拉特教授论真理

一

J. B. 普拉特教授在1907年6月6日的《哲学、心理学与科学方法》上发表的论文写得非常出色,它对实用主义立场的误解格外值得我们回应。

他断言,对于实用主义者来说,真理不可能是一个观念与一个在观念之外并超越观念的实在之间的关系,而必定"完全在经验之中",在经验中,真理无需"参照其他任何东西来证明自己"——显然无需参照对象。实用主义者必定"把一切都还原为心理学",是的,还原为当下的心理学。因此他就不能说,一个最终可以得到心理学证实的观念在证实过程完成之前就已经是真的了;同样,他也不能把一个观念暂时看成是真的,只要他认为他能够随时证实它。

我不知道这样的实用主义者是否存在,因为我自己从未见过这样的人。我们可以随心所欲地定义术语;如果这就是我的朋友普拉

---

① 转载自1907年8月15日出版的《哲学、心理学与科学方法》第四卷第464页。
② James Bissett Pratt, "Truth and Its Verification", *The Journal of Philosophy, Psychology and Scientific Methods*, Vol.4, No.12 (June 6,1907), pp. 320-324.——译者

特对实用主义者的定义，我只能赞同他的反实用主义立场。可是他在提出这种怪异的观点时引用了我的话；因此，为了避免某个读者把我和如此愚蠢的人归为一类，我将再次重申自己的真理观。

真理本质上是两个事物之间的关系，一个是观念，另一个是观念之外的实在。这种关系和所有的关系一样，都有其基础，即心理的和物理的经验环境基体，关系者就嵌入其中。在"继承人"和"遗产"的关系中，基础是一个立遗嘱者存在于其中的世界，在这个世界里现在有一个遗嘱和执行人；在观念和对象的关系中，基础是一个具有某种环境——它处于两个关系者周围以及它们之间，能造成令人满意的证实过程——的世界。但是，正如遗嘱执行人在分割遗产之前，就可以被称为继承人并被当作继承人来对待一样，在证实过程尚未彻底完成之前，一个观念实际上可以被认为是真的——存在许多证实环境就足够了。在其他许多情况下，潜在的都可以算作现实的，我们看不出为什么在真理问题上就不可以。我们说一个人是仁者，不仅是因为他已有的善举，还因为他愿意去做其他善举；我们说一个观念是"光辉的"观念，不仅是因为它已散发出的光芒，还因为我们希望它能够照亮黑暗的问题。我们为什么不能同样信任我们的观念的真理？我们到处都在靠信用生活；我们经常使用我们的观念来唤起与其直接对象相关的事物，而不是那些对象本身。如果我们的观念是将我们引向对象本身，那么在百分之九十九的情况，它对我们的唯一用处只是通过它的手段达到那些与它相关的事物。因此我们不断减少证实过程，认为我们的那些可能的信念就足够了。

我现在要说的是，那构成所谓真理关系的，就是经验世界中围

7. 普拉特教授论真理

绕着对象与观念的这个环境基础的存在,我们可以在其中走捷径也可以穿越其整个过程。只要它存在,并且对象与观念之间可能通过它实现令人满意的沟通,那么无论我们是否进行了充分的证实,这个观念都是真的,并且对于这个对象一直是真的。当然,对象的性质、地点和亲缘关系与观念的性质和联想倾向一样,在使得特殊的沟通成为可能方面发挥着至关重要的作用。因此,认为真理完全可能属于思想家的私人经验、是纯粹心理的东西,这种看法是荒谬的。真理-关系是在观念与对象之间发现的,涉及到它们两者。

但是,如果我对普拉特先生的理解是正确的,"理智主义的"立场是,尽管我们可以利用这个基础、利用大量的居间经验来检验真理,但是真理-关系本身仍然是与之不同的东西。用普拉特先生的话说,真理仅仅意味着"这个简单的事情,即一个人所思想的对象正如他所思想的那样"。

在我看来,"正如"(as)这个词绝不简单,它限定了这里的关系,承担了整个"认识论"的重任。它最直接的暗示是,观念应该像(like)对象一样;可是我们的大多数观念都是抽象概念,与它们的对象几乎没有任何相似之处。因此我认为,"正如"通常必须在功能上解释为,这个观念引导我们进入的经验领域正如这个对象引导我们进入的经验领域。经验引导着我们不断前行,而对象和我们关于对象的观念可以将我们引向相同的目标。在这种情况下观念是捷径,我们越来越多地用它们来替代它们的对象;当一系列观念经过我们心中时,我们习惯性地放弃对它们中的每一个进行直接证实,因为如果一个观念对我们的引导正如它的对象对我们的引导,我们可以用普拉特先生的话说,迄今为止对象正如我们所思想的那样，而迄今为止这样证实的观念就足够真了。

　　普拉特先生无疑会接受这些事实中的大部分，但他会否认这些事实会导致实用主义。当然，每个人都可以自由地下定义；但是我自己的实用主义真理观绝非与我现在描述的不同；既然我比我的朋友更早地使用了这个词，我想它应该首先受到质疑。但是我觉得普拉特教授质疑的不只是一个人必须如何思考才能被称为实用主义者。我敢肯定，他相信真理-关系中具有的东西比我所指出的基础所能解释的更多。他认为，通过环境基础来检验真理是有用的，但是环境基础不能确立真理-关系本身，因为那是超验的和"跳跃的"。

　　那么，我们拿一个对象和一个观念来说，假设后者对前者为真——就像你所想的那样永恒地绝对地真。让对象"正如"观念所想的那样，因为一个东西可能"正如"另一个东西。我现在郑重地请普拉特教授告诉我，这个"正如"（"as"-ness）本身究竟是由什么构成的——因为在我看来，它应该是由某个可指出和可描述的东西构成的，而不只是一个纯粹的奥秘，我保证，如果他所能赋予真理的任何确定的东西，不能通过我在这篇文章中所说的经验基础来加以说明，那么我将愉快地承认我的愚笨，并同意永远不再就真理这个论题发表任何文字。

二

　　普拉特教授用一整本书重新讨论了这一问题，[①] 它的清晰宜人

---

① J. B. 普拉特：《何谓实用主义？》（*What is Pragmatism?*）（New York: The Macmillan Company, 1909）。——我发表的这些评论写于1909年3月，晚于该书后面的几篇文章。

7. 普拉特教授论真理

使其理应取代所有其他的反实用主义著作。我希望它可以；因为它的作者承认我的所有基本论点，只是把我对真理的描述称为"修正的"实用主义，以区别于席勒和杜威的实用主义——他称之为"彻底的"实用主义。就我本人对杜威和席勒的理解而言，我们的观点是完全一致的，尽管我们的表述方式不同；但是我自己的麻烦已经够多了，这里不必再为我的朋友辩护，所以我暂时让他们听从普拉特教授的令人不快的解释，尽管我认为这些解释是完全错误的。我对于有关我自己的内容的回答可以很简短，因为我更喜欢只考虑要点；而相比于我在本文第一部分所反驳的那篇文章，普拉特博士的这整本书几乎没有对这一问题做出更深入的阐述。

他重复了"正如"原则（"as"-formula），仿佛这是我和其他实用主义者都否认的东西，[①]而我只是要求那些坚持其重要性的人不要只是说出它来，再多做些，例如，解释它，告诉我们它的重要意义何在。我本人非常赞同这样的观点，即：一个观念要为真，对象必须"正如"这个观念所说的那样；但是我把"正如"解释为这个观念的可证实性。

既然普拉特博士没有否认我所捍卫的这些证实的"效用"，而只是坚持认为它们不能作为真理-关系的基础，看来就事实方面而言我们的确没有什么分歧，我们之间的问题仅仅在于适用性或可证实性的概念在多大程度上构成"真性"（trueness）概念的本质部分——"真性"是普拉特博士目前对真观念中"正如"特征的称呼。我坚持认为，如果一个观念没有可能的具体效用，这个"正如"概

---

① 同上，第77—80页。

念或真性概念也就没有意义。

举一个不可能产生任何效用的观念的例子。假设我有一个观念，我用"skrkl"这个词来表达，同时宣称它是真的。现在谁能说它是假的，为什么在宇宙深处某个未探测到的地方不会存在某个对象与"skrkl"相符合，并且具有普拉特博士意义上的真性呢？另一方面，谁又能说它是真的，因为谁能把手放在那个对象上，证明它而非其他东西乃是我的这个词所意指的东西？再者，若有人说我的这个词与其他实在完全无关，而将其视为我头脑中没有任何认知功能的纯粹事实，谁又能否认呢？这三种情况中肯定有一种属实。若使它并非与认知无关（或本质上不是认知的），必须要有它可能指称的某种对象。假设有了那个对象，根据普拉特教授的说法，无论"skrkl"是真是假，都与中介条件无关。真性或虚假即使现在也是直接地、绝对地、肯定地存在于那里的。

另一方面，我需要某种宇宙环境来确定这三种情况中的哪一种存在，哪一种完全不相干。[1] 我接着说，首先，除非在'skrkl'和那个对象之间存在某种自然的路径——我们能够在宇宙的所有实在所延伸的无数路径中将其区分开来——将它们以各种方式联系在一起，否则绝无任何东西使它具有指称那个对象而非任何其他对象的可能性。

---

[1] 奇怪的是，普拉特博士丢弃了所有实用主义认识论的这个原初设定，他说，实用主义者"通过私自引入一个作为条件的环境观念——它决定经验能否发挥效用，但是它自身不能等同于经验或经验的任何部分——而不知不觉地放弃了他的整个立场"（第167—168页）。"经验"在这里当然是指观念或信念；而"私自引入"一词是极其令人发笑的。如果哪位认识论者能够摆脱作为条件的环境，他就是一个反实用主义者，他的直接的跳跃式的真性就独立于效用。环境提供的居间路径是实用主义解释的核心。

7. 普拉特教授论真理

我还要说，除非它具有遵循这条路径的某种倾向，否则绝无任何东西使它具有指称我们所说的那个对象的意向。

最后我要说，除非这条路径上充满了可能的挫折或鼓励，并提供了某种最终的满意或矛盾，否则绝无任何东西使它与那个对象符合或不符合，或使它具有构成所谓真性（或虚假性）的"正如"（或"不如"）。

我认为，普拉特博士要回答我那令人生厌的问题，即像真性这么重要的关系是否没有某些构造（constitution）？他所要做的不应只是重复"真性"这个词。途径、趋势、验证的进展或矛盾的进展，不需要在每一种情况下都完全被经验到，但我不明白，如果世界没有把它们包含在它所具有的可能性中，那么还有什么逻辑材料来定义我的观念的真性。但是，如果世界确实包含它们，那么它们而且只有它们才是所需要的逻辑材料。

普拉特博士认为，在一个观念中，抽象的真性比具体的可证实性更重要，这让我感到困惑，我希望他能够解释一下。诚然，它先于证实，不过，我所主张的先验的可证实性也是如此，这正如一个人的"必死性"（只是他的死亡的可能性）先于他的死亡一样，可是这种抽象的可能性对于其相关事实的优先性恐怕不是这场激烈争论的问题所在。我想普拉特博士大概是以模糊的方式思想一些比这更具体的东西。一个观念的真性必定意味着在它之中的某个确定的东西，这个东西决定了它的效用倾向，以及它事实上指向这个而不是那个对象。毫无疑问，观念中具有这种东西，正如人身上具有某种东西可以解释他走向死亡的倾向一样，又像面包中具有某种东西可以解释它的营养倾向一样。在真理问题上，心理学告诉我们：观念有其自身特有的联系，既有运动性的联系，也有观念性的联系；它往往基于其位置和性质，一个接一个地把这些联系变成现实；而它们的相继出现就是我们所说的观念的"效用"。我们根据这些效用是什么，就可以看出这个观念内含的真性或虚假性。这些倾向还有更在先的条件，一般说来，生物学、心理学和人生历程都可以追溯到这些条件。这一连串的自然因果条件产生了事物的一种结果状态，在这种状态中，我们不仅可以找到因果关系，而且可以找到或引入新的关系——即我们认识论所研究的关系、适应关系、可替代关系、工具性关系、指称性关系和真理关系。

尽管没有先前的因果条件，就不可能有任何种类的认识——无论真的认识还是假的认识，但是先前的因果条件只是问题的先决条件，问题的关键在于，如果我们遵循观念的倾向，是什么使得观念为真或为假。无论如何，这些倾向必定以某种形式存在，但是它们的结果是真理、是错误、还是与认识无关，这取决于它们具体是什么。不管怎样，它们都不是"跳跃的"，因为它们只是连续地一个接一个地唤起它们的结果；直到整个联系序列的最终结果——现实的结果或潜在的结果——在我们的心目中出现，我们才能确定它的认识论意义——如果它可能有意义的话。总之，真正的认识从本质上说，其自身或"本身"并非一开始就内在于观念，正像必死性本身并非内在于人之中一样，或者营养本身并非内在于面包一样。首先存在的是另一个东西，实际上是它造成了认识、死亡或营养（视情况而定）。这个东西就是第一个词——无论它是观念、人或面包——的"本性"，它的作用是启动因果过程链，当这些过程完成时，就是复杂的事实，我们赋予它以任何最适合其情况的功能名称。另一种

7. 普拉特教授论真理

性质,另一种认知效用链;然后,要么是另一个被认知的对象,要么是以不同方式被认识的同一个对象,随之而来。

普拉特似乎指责杜威和席勒[①](我不确定他是否指责我)关于真理的解释允许我们所相信的对象不存在,即使我们关于它的信念是真的。这再次让我感到困惑。他写道:"既然观念的真理,只是指这样一个事实即观念有用,那么当你说这个观念为真时,这个事实就是你所指的全部"(第206页)。"当你说这个观念为真时"——这对你这个评论家来说是真的,还是对你所描述的相信者来说是真的?这位评论家在这里的问题在于他认为"真"这个词与认识者无关,而实用主义者总是认为"对经验到这效用的人来说才是真的"。"可是这个对象是否确实是真的?"——这位评论家似乎在问——仿佛实用主义者一定会在他的认识论之上抛出一个完整的本体论,告诉我们什么是毋庸置疑的实在。在这里,"一次一个世界"似乎是正确的回答。

我们还须注意普拉特博士的另一个问题。它涉及对象的"超越性"。当我们的观念发挥作用,使我们直抵对象,靠近它时,"我们与它的关系是行走的还是跳跃的?"普拉特博士问道。如果你的头痛是我的对象,"我的经验就会在你的经验开始的地方中断",普拉特博士写道,"这一事实非常重要,因为它排除了过渡和完成的感觉——从最初的观念到被认识的对象的不断过渡而产生的完成感觉,这在实用主义的知识描述中是一个非常重要的元素。当我认识

---

① 同上书,第200页。

你的头痛时,如果这认识真的发生了,那也不是与对象一起发生的,而是与我这边的'认识论的鸿沟'一起发生的。这鸿沟仍然存在,有待超越"(第158页)。

当然,总有一天,甚至是现在,在宇宙中拥有更多生命的某个地方,不同人的头痛可能汇聚在一起,或者成为"共-意识"(co-conscious)。然而,此时此刻不同人的头痛确实相互超越,当我们感觉不到时,只能从概念上加以认识。我的观念是,你确实头疼;这与我看到的你的表情很吻合,与我听到的你说的话也很吻合;但这并不能让我拥有这头痛本身。我与它还有一步之遥,这头疼"超越"了我,但是它绝未超越人类经验整体。不过,这里的"鸿沟"是实用主义认识论自身在它使用最初的语词时就设定的,它说必须有一个对象和一个观念。然而这个观念没有立即跨越鸿沟,它只是一步一步地产生效果,直至完全或大致地弥合鸿沟。如果它弥合了这鸿沟,根据实用主义者对于他所假设的宇宙的看法,它可以被称为"真"观念。如果它只是可能弥合这鸿沟,但并未弥合它,或者它清楚地向鸿沟抛出一座桥,那么在旁观的实用主义者看来它仍然具有普拉特教授所说的"真性"。但是,若问实用主义者,当观念像这样不能与对象完全结合时,它是否确实是真的或具有确实的真性——换言之,他所假设的头痛,以及他所假设的那假设的思想者所相信的头痛,是否真正的头痛——这要从他假设的话语世界步入完全不同的自然事实世界。

8. 实用主义对真理的解释及其误解者[①]

我在《实用主义》一书中对真理的解释仍然不断受到误解,所以我想作一个最后的简短回应。我的那些观念或许值得一驳,但是,要反驳它们,必须以适当的形式认识它们。当前的这些误解非常奇特,这说明它们对实用主义主张的具体观点相当陌生。熟悉某一概念的人们彼此很容易进行交流,一个提示就能让他们相互理解,而且他们交谈时不必小心翼翼。我必须承认,从目前争论的结果来看,我们过高地估计了人们的理解力,因此在许多地方用语过于随意了。我们不应该以省略的方式表达一些主张。批评者们竭尽所能对每个词进行挑剔,但是他们却拒绝接受我们论述的精神而非文字。这似乎表明他们对整个观点确实不了解。我认为这还表明第二波反对意见——它已开始用实用主义的俗语"新的不是真的,真的不是新的"来表达自己的意见——是不真诚的。如果我们所说的都毫无新意,为什么我们的意思如此难以理解?这不能完全归咎于我们的表述晦涩难懂,因为在其他论题上,我们已经做到了

---

① 转载自1908年1月的《哲学评论》第十七卷第1页。

让别人明白我们的意思。不过,互相指责是无趣的;就我个人而言,我确信我所抱怨的一些误解之所以产生,其原因在于,在那本通俗演讲集里,我的真理学说被大量与其没有必然联系的观点所笼罩,所以读者也许很自然地会感到困惑。对此,我难辞其咎。同样,因为未能给予一些明确的提醒,我也难辞其咎,下文是我对这些疏漏的部分弥补。

第一个误解:实用主义不过是实证主义的翻版。

这似乎是最为常见的错误。怀疑主义、实证主义和不可知论与通常的独断的理性主义一样,都认为每个人都知道"真理"一词的含义,无需作进一步解释。但是前几种学说要么暗示要么宣称真正的真理、绝对的真理是我们所不可及的,我们必须欣然接受相对真理或现象真理作为其最佳替代者。怀疑主义认为这种状态不能令人满意,而实证主义和不可知论则对此感到高兴,它们把真正的真理称为酸葡萄,认为现象真理对我们所有的"实际"目的来说已经足够了。

事实上,实用主义所说的真理与这一切相去甚远。它的观点完全是以前就有的。它满足于"真理"这个词的定义,在这些理论开始的地方停了下来。它问道:"不管宇宙中现在是否有人拥有真理,理想情况下的真理概念的含义是什么?""如果真理判断果真存在的话,它会是何种东西?"实用主义提供的答案旨在涵盖人们所能设想的最完备的真理(如果你愿意,也可称之为"绝对"真理),以及最相对和最不完满的真理。如果真理确实存在,它是什么样子?这个问题显然属于纯粹思辨的研究领域。它不是一个心理学问题,而是一个逻辑学问题。它不是关于何种实在的理论,也不是关于何种知识实际可能的理论;它完全是从特殊的关系者中抽象出来的,并定义可能存在于它们两者之间的关系的本质。

正如康德的综合判断问题没有引起之前哲学家的注意,同样,实用主义的问题不仅如此微妙,迄今没有引起注意,而且甚至更微妙,以至于当我们现在公开提出它时,教条主义者和怀疑主义者都无法理解它,他们认为实用主义者研究的是完全不同的东西。他们说(我引用时下一位批评者的话),实用主义者认为,"人类的智力不能解决更大的问题,我们对真知的需求确实是虚假的和虚幻的,我们的理性不能触及实在的基础,因此必须使自己完全转向行动"。再没有比这更糟糕的误解了。

第二个误解:实用主义基本上是一种对行动的诉求。

我必须承认,"实用主义"这个名称——再加上它暗示着行动——是一个不幸的选择,并对这个误解起到了推波助澜的作用。但是,就那些对这一研究的性质视而不见的人而言,任何词语也不能使这一理论免受他们的批评。当席勒博士谈到观念"有用"时,他们唯一想到的就是它们在物质环境中的直接作用,它们能使我们赚钱,或者获得一些类似的"实际"利益。当然,观念确实会直接地或间接地发挥这样的作用;但它们在精神世界里也能无限地发挥作用。我们的批评者不相信我们有这种起码的见识,他们认为我们的观点只是提供给工程师、医生、金融家和一般实干家的,这些人需要某种粗糙的现成的世界观,但没有时间或智慧来研究真正的哲学。实用主义通常被描述为一种具有美国特色的运动,一种残缺的思想体系，非常适合那些天生讨厌理论而希望立刻获得现金回报的普通人。

的确，实用主义最初提出的那种精粹的理论问题一旦得到回答，实用类的次级产物就会随之而来。研究表明，在真理的函数中，先前的实在并不是唯一的自变量。在某种程度上，我们的观念作为实在也是自变量，就像它们遵循其他实在并适合其他实在一样，在某种程度上其他实在也会遵循它们并适合它们。当它们把自己添加到存在上时，它们就在一定程度上重新确定了存在，因此，除非观念也被考虑在内，否则实在作为一个整体就不可能得到完整的说明。由于这个实用主义学说将我们的观念视为实在的补充成分，它就不仅为思想的创造性提供了广阔的空间，也为人类行动打开了一扇宽广的窗口（因为我们的观念是行动的发动者）。但是，若忽视窗口所在的先前的认识论大厦，或以为实用主义就开始于这窗口，并结束于这窗口，那就是愚蠢至极了。然而这几乎是我们的批评者无一例外的做法。他们忽视了我们首要的一步及其动机，而把观念与行动的关系——我们的次级成果——当成首要的。

第三个误解：实用主义者自行丧失了相信他人内心实在的权利。

根据这些批评者的说法，实用主义者之所以如此，是因为他们将信念的真理等同于它们的可证实性，将它们的可证实性等同于它们对我们有用。斯托特（Stout）教授在1897年10月的《精神》(*Mind*)杂志上发表了一篇评论席勒的文章，这篇文章在某些方面值得赞赏且鼓舞人心，但是他认为席勒对真理的看法会导致他（如果

8. 实用主义对真理的解释及其误解者

他能真正认识到自己学说的后果）走向一个荒谬的结果：即使另一个人确实头痛，他也无法真正相信它。他只能"假设"它，因为这个假设对他自己有用。这个假设引导他的某些行为，并带来有利的结果；但是，一旦他完全理解这个假设只是（！）在这个意义上为真，对他来说，另一个人确实患有头疼就不再是（或者应该不再是）真的。所有那些使这个假设变得最珍贵的东西都烟消云散了：他对同胞的兴趣"变成了一种隐蔽形式的自利，他的世界变得冷漠、乏味和无情"。

这种反驳把实用主义者的话语世界搞得一团糟。在这个话语世界中，实用主义者看到一些人有头痛或其他感觉，还有人假设了这个感觉。当被问及这假设在什么条件下为"真"时，实用主义者的回答是，至少对于假设者来说，它的真，与他对它的相信所给他带来的满意感，是成正比的。这里令人满意的是什么？无疑是指要相信假设的对象，即相信另一个人的真实存在的感觉。但是，如果用斯托特教授的话来说，那种不相信"使得世界在他看来是冷漠、乏味和无情的"，那么不相信这种感觉如何会令他满意（尤其是如果假设者本人是一个彻头彻尾的实用主义者的话）呢？根据实用主义原则，在这种情况下，除非其他原因使得这个世界变得冷酷无情，那种不相信几乎是完全不可能的。既然这个关于头痛的信念，对于实用主义者的话语世界中假设的主体而言是真的，对于实用主义者——他出于认识论目的而设定了这整个世界——也是真的，那么为什么它在这个世界中不是绝对真的？我们所相信的头痛是那里的一个实在，没有哪个现存的心灵——无论是批评者的心灵还是他假设的主体的心灵——不相信它！在我们这个实在的宇宙中，我们的对手还有更好的真理可以向我们展示吗?①

关于第三个误解就说这么多,它只是对下面这个更大误解的一个解释。

第四个误解:实用主义者不可能是认识论上的实在论者。

这一误解应该是源于实用主义者的这一说法:一般说来,我们信念的真理在于它们给予我们的满意。满意本身当然是一种主观条件,由此得出的结论便是,真理完全处于主体内部,主体可以随心所欲地制造真理。于是真信念就变成了任性的情感,不再对经验的其他部分负责。

对实用主义者的观点的这种拙劣描述是不可原谅的,因为它对

---

① 我在这里看到一个机会,可以预防有人对我的《实用主义》第三讲提出批评,我在那本书的第96—100页曾说,"上帝"和"物质"可以被视为同义词,只要这两个概念在未来不会产生不同的结果。这段话摘自我在加利福尼亚大学哲学联合会(California Philosophical Union〔全称为"Philosopical Union of the University of California"——译者〕)的演讲,再刊于《哲学、心理学与科学方法》第一卷第673页。我的那个演讲刚一结束,我就发现那一部分有缺陷;但从那以后我一直没有改动这段文字,因为这个缺陷并未损害它的解释价值。但是,当我想到我称之为"机械情人"(automatic sweetheart)的那个类似于无神世界的例子时,这个缺陷就非常明显了。"机械情人"指的是一个没有灵魂的身体,但人们绝对无法将她与一个充满精神活力的少女区分开来,她有说有笑,忸怩羞涩,会疼爱抚慰我们,能得体而甜美地展现女性的所有特征,仿佛她真有灵魂。会有人把她看成真的少女吗?当然不会。为什么?因为我们就是这样被塑造的,我们的自我主义最渴望的是内在的同情和认可,爱和赞赏。这些对待我们的外在方式主要被看作一种表现,一种我们所相信的意识具有的表现。因此,在实用主义看来,关于机械情人的信念是无效的,事实上,没有人把它当作一个严肃的假设。无神的世界与它完全一样。即使物质能够做上帝所做的每一件外在的事情,它的观念也不会令人满意,原因在于现代人需要的上帝主要是这样一个存在,即他能够内在地认可他们并同情地评判他们。物质不能满足自我的这一需求,所以,对大多数人来说上帝仍然是更真实的假设,这确实是出于明确的实用原因。

8. 实用主义对真理的解释及其误解者

实用主义者的话语世界只择取一点而无视其余。这个话语世界的各个术语绝对禁止对那里界定的知识功能进行任何非实在论的解释。实用主义的认识论者在那里设定了一个实在和一个具有观念的心灵。现在他问的是，如何才能使这些观念对这实在为真？通常的认识论满足于这样一种含糊其辞的说法，即观念必须"契合"或"符合"；实用主义者则要更加具体的答案，追问这"符合"的详实含义。首先，他发现这些观念必须指向或引导至这个实在而非其他东西，然后这种指向和引导必须带来令人满意的结果。至此，实用主义者与通常懒散的认识论者一样抽象；但是，随着他对自己的定义作进一步解释，他变得具体起来。理智主义者与他的整个争吵就在于其具体性，理智主义者认为，这里的解释越模糊、越抽象，就越深刻。实用主义者把这种具体的指向和引导理解为实在和心灵所属的同一世界中的其他部分的作用，这些部分即具有证实作用的中介经验，它们将一端的心灵与另一端的实在结合起来。相应地，"满意"也不是抽象的满意，不是某个不确定的存在所感觉到的满意，而是由具体存在的人在其信念中实际发现的那种(复数形式的)满意组成的满意。由于我们人类本身就是由事实构成的，我们发现，相信他人的心灵、相信独立的物质实在、相信过去的事件以及相信永恒的逻辑关系，是令人满意的。我们发现拥有希望是令人满意的。我们经常发现消除怀疑是令人满意的。最重要的是，我们发现当前的观念与我们心灵的其余部分之间的一致是令人满意的，这些部分包括我们感觉的整个次序，我们对相似与差异的直觉，以及我们先前获得的全部真理。

实用主义者自身就是一个人，一般说来，他想象不出有什么比我们关于"实在"——他以此为自己的认识论奠定基础——的信念更真的相反路线，他愿意把我们的满意视为可能真正通往实在的正确引导，而不是仅仅对我们来说是正确的引导。在此，他的批评者有责任明确地解释，为什么这些满意作为我们的主观感觉，不能产生"客观的"真理？它们所伴随的信念，通过后续的一系列思想与行动——它们构成了对信念的证实，以十分确定的和可指定的方式"认定"（posit）了那假设的实在，"契合"与"符合"那实在，"适合"那实在，所以，只是一味地坚持抽象地而不具体地使用这些词语，绝非把实用主义者逐出战场的办法，实用主义者更具体的解释实际上包括了他的批评者的解释。如果我们的批评者拥有一种建立在更客观基础之上的确定的真理观念，为什么他们不更清楚地表达出来呢？他们的立场让人想起黑格尔笔下的一个人，他想要"水果"，却拒绝樱桃、梨和葡萄，因为它们不是抽象意义上的水果。我们给他们满满一夸脱的罐子，他们却嚷着要空空的一夸脱容量。

但是在这里，我想我听到了某个批评者的如下反驳："如果满意是确立真理所需要的一切，那么如何看待这一众所周知的事实：错误往往令人满意？又如何看待同样众所周知的这一事实：某些真信念可能会导致最痛苦的不满意？难道这不是很清楚吗：不是信念产生的满意，而是信念与实在的关系，才是使得信念为真的唯一原因吗？假设没有这个实在而满意依然存在：难道它们不因此导致虚假吗？它们能被视为特定的真理-确定者（truth-builder）吗？正是信念与实在的内在关系赋予了我们特定的真理-满意感（truth-satisfaction），与之相比，所有其他的满意感都是彻头彻尾的骗局。因此，这种真正的认识上的满意才是实用主义者唯一应该考虑的满

8.实用主义对真理的解释及其误解者

意。作为一种心理情感的满意,反实用主义者是欣然接纳的,但是只把它作为真理的伴随者,而不是作为真理的一个构成要素。构成真理的不是情感,而是正确认知实在的纯粹逻辑的或客观的功能,实用主义者未能将这一功能还原为较低的价值,这是显而易见的。"

在我看来,这种反实用主义的观点可谓一塌糊涂。首先,当实用主义者说"必不可少"时,这种反实用主义者把它与"充分的"混为一谈。实用主义者说满意对于确立-真理(truth-building)是不可或缺的,但我一直都说它们是不充分的,除非它们同时引导至实在。如果把所设定的实在从实用主义者的话语世界中取消,他会立即将剩下的信念称为错误,即使它们都令人满意。这无论对他还是对他的批评者来说都是一样的,如果没有真理的对象,就不可能有真理。若无某个被反映的东西赋予观念以认知的光泽,观念就只是一个平坦的心理平面。这就是为什么我作为一个实用主义者,从一开始就小心翼翼地设定"实在"的原因,也是为什么在我的整个讨论中,我一直是一个认识论上的实在论者的原因。[①]

反实用主义者的另一个混淆在于,他认为,我们在向他做出关于真理含义的正式说明时,同时要为获得真理提供保证,要说明什么时候他可以确定地在实质上拥有它。我们把真理建立在一个如此"独立"的实在之上,它出现了,真理就出现了,它消失了,真理也随之而去,这就让他那种天真的期望落空了,所以他认为我们的描述不能令人满意。我觉得在这种混淆之下隐藏着一个更深层次

---

① 我无需提醒读者,无论是感官知觉还是对于理想性关系(比较等)的知觉都应归入实在之列。我们心中"储备"的大部分是关于这些名词的真理。

的问题,即没有充分区分真理与实在这两个概念。实在不是真,它们只是存在;信念对于实在是真的。但我觉得,在反实用主义者的头脑中这两个概念有时会互换属性。实在本身恐怕被看成是"真",反之亦然。于是人们就以为,无论是谁,只要他告诉了我们其中之一,他必定也告诉了我们另外一个;真观念必定以某种方式存在,或者至少在没有外来帮助的情况下,就提供了它在认知方面所拥有的实在。

对于这种绝对唯心主义的要求,实用主义只能表示无能为力。如果有真理的话,它必定是实在与关于实在的信念共同确立的;但是,是否存在真理? 或者一个人如何确定他自己的信念拥有真理? 实用主义从不自以为能够提供确定的答案。那种极好的真理-满意感可能会给一个在其他方面不令人满意的信念增添色彩,但实用主义很容易将它解释为一种与先前的真理或设定的真理——一个人过去的整个经验可能会让他拥有这些真理——保持一致的感觉。

可是,实用主义者的论敌会问:不是所有的实用主义者都确信自己的信念是正确的吗? 这就把我引向了

第五个误解:实用主义者之所言与他们言其之所言不一致。

一位来信者提出这样的质疑:"当你对听众说'实用主义是关于真理的真理'时,第一个真理与第二个真理是不同的。关于第二个真理,你和他们没有分歧;你没有让他们根据它是否对个人满意地发挥作用,来自由地对它进行取舍。然而,第一个真理,它应该描述并包括第二个真理,却肯定了这种自由。因此,你表达的意图似乎与它的内容相矛盾。"

8. 实用主义对真理的解释及其误解者

通常的怀疑主义也总会受到这种典型的反驳。理性主义者对怀疑主义者说："每当你表达怀疑立场时，你不得不以武断的方式来表达，所以你的生活总是与你的观点相矛盾。"人们可能会想，如此陈旧的观点丝毫无损于世上通常的怀疑主义，这可能会让理性主义者自己怀疑，这些瞬时的逻辑反驳究竟是不是扼杀鲜活的思想态度的致命方式。通常的怀疑主义是拒绝下结论的鲜活思想态度。意志永远不下判断，针对依次出现的每一个论题，它都会不断地在细节上自我更新，你不能用逻辑来消灭它，就像你不能用逻辑消灭固执或恶作剧一样。这就是为什么它如此令人气恼的原因。始终如一的怀疑主义者从不把他的怀疑主义表述为正式的命题，他只是把它当作一种习惯来选择。当他可以轻松地和我们一起说"是"的时候，他却悬而不决，让人恼火，但他并非不合逻辑或愚蠢，相反，他经常以其卓越的思想给我们留下深刻的印象。这是理性主义者不得不面对的真正的怀疑主义，他们的逻辑甚至都没有触及到它。

逻辑同样不能否定实用主义者的行为：他的表达方式非但没有矛盾，而且准确地例证了他所表达的内容。他表达的内容是什么？在某种程度上，它是这样的：具体说来，真理是我们的信念的一种属性，这些信念是随着满意而来的态度。为满意感围绕的观念最初只是假说，这些假说激发或召唤一个信念的产生，并将这个信念的立场置于这些假说之上。实用主义者的真理观念就是这样一个激发。他觉得接受这个观念特别令人满意，因此也就坚持了自己的立场。但是人是社会性动物，他们想传播自己的信念，唤起追随者，影响其他人。实用主义者想，为什么你不觉得同样的信念令人满意呢？于是他便立即努力说服你。然后，你和他都会相信；如果你展示了真理的主体一端，如果实在同时显示自身的存在，因而展示了对象一端，那么主体一端将是一个客观的和不可逆的真理。我坦承我无法发现这其中有什么自相矛盾之处。相反，在我看来实用主义者在他自己案例中的表现极好地说明了他的普遍定义；在所有认识论者中，他可能是唯一一个在自洽性（self-consistent）方面无可挑剔的人。

第六个误解：实用主义不解释真理是什么，只解释如何获得真理。

事实上，实用主义告诉了我们这两者，既告诉了我们真理是什么，也告诉了我们真理是如何被获得的——因为"被获得的是什么"能把"真理是什么"排除在外吗？如果我告诉你如何去火车站，不就等于向你介绍了火车站是什么、介绍了那座建筑的存在和性质吗？诚然，抽象的"如何"一词与抽象的"什么"一词意义不同，但是在这个具体事实的世界中你不可能割裂如何与什么。我觉得"相信某一观念为真"是令人满意的，其原因以及我如何获得这个信念的方法，便可能是这观念事实上为真的原因。如其不然，我请反实用主义者清楚地解释一下为什么不可能是这样。

在我看来，反实用主义者的困难主要在于他一直不能理解一个具体的陈述怎么能和一个抽象的陈述一样有意义或一样有价值。如前所述，我们和我们的批评者之间的争论主要在于具体性还是抽象性。我在这里进一步展开这一观点。

在这个问题中，由观念引起的、在它与实在之间起居间作用的经验环节，构成了（在实用主义者看来实际上就是）我们能够在这

8. 实用主义对真理的解释及其误解者

观念与这实在之间获得的具体的真理关系。实用主义者说,当我们谈到观念"指向"实在、"适合"实在、"契合"实在或"符合"实在时,它们就是我们所意指的一切——它们或其他类似的起证实作用的居间系列事件。这些居间事件使得该观念为"真"。观念自身,如果它确实存在的话,也是一个具体的事件:所以实用主义认为单数形式的真理只是复数形式的真理的统称,它们总是由一系列确定的事件构成;而理智主义所说的关于任何这类系列事件的独一无二的真理或内在的真理,不过是其实际的真理性(truthfulness)的抽象名称,是这样一个事实——那里的观念确实以一种令我们满意的方式引导至我们设想的实在——的名称。

实用主义者自身并不反对抽象。简言之,他和任何人一样依赖抽象,他在无数情况下发现,相对空虚的抽象可以有效地替代他所遇到的过于丰满的事实。但是他绝未赋予它们更高的实在性。在他看来,一个真理的全部实在性总是某个证实过程,在这个过程中,将观念与对象真正联系起来的抽象性质得到了有效的体现。同时,我们能够撇开这些性质的效用,以抽象的方式来谈论它们,发现它们在无数情况下都是相同的,使它们"脱离时间",研究它们与其他类似的抽象东西的关系,这有无穷的用处。因此,我们就形成了柏拉图的整个先验理念世界,可能的世界,但是,除非在个别事物中,它们并无实际存在。那里存在着无数的关系,但是没有人经验到它们的存在,就像永恒世界中的音乐关系,例如,《塔劳的安馨》(Aennchen von Tharau)的音符早在人的耳朵听到它们之前就是动听的旋律。同样,未来的音乐现在也在沉睡,尽管以后会被唤醒。或者,如果我们看一下几何学关系的世界,会发现 π 的第一千位小数就沉睡在那里，尽管可能从未有人去计算它。或者，如果我们看一下"适合的"世界，会发现无数的外套"适合"背部，无数的靴子"适合"脚，尽管尚没有人去试穿；无数的石头"适合"填充墙壁上的洞，尽管没有人去这样做。同样，无数的观点"适合"实在，无数的真理是有用的，尽管没有一个思想家曾想到它们。

在反实用主义者看来，这些先天的永恒关系是具体关系的前提，它们更加尊贵，更有价值。相比于我们在这些永恒关系中"获得"的无形真理，我们的观念在证实过程中的实际效用是微不足道的。

相反，在实用主义者看来，所有无形的真理都是静止的、无力的、相当虚幻的，完全的真理是激发能量并进行战斗的真理。如果真理永远处于本质上永恒"符合"的储存库中，从未体现在人们为证实活生生的观念所进行的艰苦斗争中，谁能认为真理的沉睡性质会被抽象出来，或者会获得一个名称呢？可以肯定，如果在我们的世界里没有背、脚或墙壁上的洞让我们去适合，那么"适合"这一抽象性质也就不会被命名。实际存在的真理是现实中各种观点竞争的结果。本质的真理，理智主义者的真理，无人想到的真理，就像一件合身但无人穿过的外套，又像无人听过的音乐。相比于那些被证实的东西，它并不真实，而非比它们更真实；赋予它更高的荣耀似乎只不过是一种不正常的抽象-崇拜。这就像一支铅笔坚持认为轮廓是所有绘画表现中最重要的东西，并责备画笔和相机遗漏了轮廓，而忘记了它们的画面不仅包括了整个轮廓，而且包括了其他许多东西。实用主义的真理包含了理智主义的全部真理，另外还包含了其他许多东西。所以理智主义的真理只是潜在的实用主义真理。人们确实在无数场合用潜在真理或可证实性来替代证实或事实上的真理，没有人比实用主义者更加重视这个事实了：他强调这个习惯的实际效用。但是他并不因此认为，潜在真理——从未被激活到被人断言、被人质疑或被人反驳的地步——在形而上学意义上是在先的，而实际真理却从属和附属于它。当理智主义者这样看待它们的关系时，实用主义指责他们颠倒了真实关系。实用主义者认为，潜在真理只是意味着实际真理，后者在逻辑次序和存在次序上都是在先的。

第七个误解：实用主义忽视理论兴趣。

如果不是由于他们在"实用主义"一词的语言家族中找到某种借口，如果不是我们因过于相信读者的宽宏大量而说话随意的习惯，使得他们找到某种借口，那么这种批评绝对是一种肆意的诽谤。当我们谈到观念的意义在于它们的"实际"效果，或者谈到我们的信念给我们造成的"实际"差异时；当我们说信念的真理在于其"效用"价值时，等等；我们的语言显然过于漫不经心了，因为人们几乎一致认为我们所说的"实际"是与理论的或真正的认知相对立的，其结果是，在他们看来，我们眼中的真理与任何独立的实在、或其他任何真理、或除了我们可能依靠的或者可能给我们带来满意的行动之外的任何事物，都不可能有任何关系。他们指责我们，在我们荒谬的实用主义认识论中，仅仅是观念的存在本身，只要其结果令人满意，就能产生完全的真理。人们郑重其事地将这些垃圾归于我们，还有另外两个原因。首先，从狭义上讲，观念是有实际用处的，错误的观念有时也有，但最常见的观念是我们能够通过其所有的引导作用来加以证实的观念，其对象的实在性因此被认为是确定无疑的。这些观念在其效用之前，撇开它们的效用不论，就是真的。换言之，它们的对象是真实存在的，这是它们具有那种效用的条件，效用把我们与对象连接起来，这对象是如此重要，以至于作为对象替代者的观念也变得重要起来。在原始人眼中，真理之所以好，首先在于它的这种实际作用方式，尽管后来被掩埋于真信念所具有的其他良好效用之中，但是这种后续效用一直存在。

第二个误导性的因素是，席勒和杜威强调这样一个事实，即除非一个真理与心灵的暂时困境有关，除非它与"实际的"状况——指非常特殊的困惑——密切相关，否则主张这个真理是没有意义的。在同样的情况下，它并不比谬误更合乎我们的利益。但是，为什么我们的困境和困惑不能既是狭义实践上的又是理论上的？我希望我们的批评者能解释一下。他们只是假定没有一个实用主义者会承认真正的理论兴趣。由于我使用了观念的"兑现价值"这一短语，一位通信者恳求我更改它："因为每个人都认为你指的只是金钱损益。"由于我说过真理是"我们思想中的便利"，另一位博学的通信者因此斥责我："便利这个词除了私利之外，没有其他意义。对私利的追求，使得国家银行的许多官员被关进了监狱。导致这种结果的哲学一定是有害的。"

但是，"实际的"这个词在习惯用法中含义非常宽泛，所以我们本可以期待得到更多的包容。当有人说一个病人实际上现在已经康复了，或者说一个计划实际上已经失败了，其意思通常与"实际上"的字面意思恰恰相反。他的意思是，尽管他说的话在严格意义上的实际生活中不是真的，但是在理论上是真的，潜在地是真的，

8. 实用主义对真理的解释及其误解者

肯定会是真的。再说一次,"实际的"这个词通常指特别具体的、个别的、特殊的和有效的,而不是抽象的、一般的和静止的。就我自己而言,每当我强调真理的实际性质时,我心中所想的主要就是这些。"实用"(Pragmata)是复数;在以前的那次加利福尼亚演讲中,我将实用主义描述为"任何命题的意义总是可以归结为我们未来实践经验中的某种特殊的结果——无论是消极的还是积极的",当时我明确地加上了这些限定词:"关键在于经验必须是特殊的,而不是它必须是积极的",这里"积极的"的意思是狭义的"实际的"。①但是特殊的后果完全可以是理论性的。我们从一个观念推出的每一个遥远的事实,都是我们的心灵努力以求的特殊的理论结果。如果新观点为真,我们便不得不放弃旧观点,这既是一种特殊的实际结果,也是一种特殊的理论结果。在人类所有的兴趣中,除了自由呼吸之外,他最大的兴趣(因为它从来不像他的身体的大部分兴趣那样波动或减退)是对一致性(consistency)——即感觉到他现在所想的与他在其他场合所想的相一致——的兴趣。我们不厌其烦地将真理与真理进行比较,就是为了这个唯一的目的。目前备选的信念是否与第一个原则相矛盾?它是否与第二个事实相容?等等。这里的特殊的操作是纯逻辑的分析、演绎、比较等;虽然我们可以

---

① "实际的"一词的模棱性在下面这些话(它们出自一位最近自称我们观点的报道者)中得到了很好的体现:"实用主义是盎格鲁-撒克逊人对拉丁思想中的理智主义和理性主义的一种抗拒……人,每个人都是万物的尺度。他只能认识相对的真理,即幻觉。这些幻觉的价值不是由普遍的理论而是由个人的实践向他揭示的。实用主义就在于经验心灵的这些幻觉,并通过将其付诸行动来遵从它们。它是一种没有语言的哲学,一种关于手势和行为的哲学,它抛弃一般,只抓住特殊。"(布尔多[Bourdeau],载于1907年10月29日《辩论杂志》[*Journal des Débats*])。

随意使用一般术语,但是备选观念的令人满意的实际效用却是每一个先后相继的理论结果在特殊的情况下所产生的意识。因此,反复指责实用主义不考虑纯理论兴趣,这是愚蠢的。实用主义所坚持的只是,实际的证实就是证实过程,它们总是特殊的。即使在纯粹理论问题上,它也认为模糊性(vagueness)与笼统性(generality)无助于证实任何东西。

第八个误解:实用主义被禁锢于唯我论之中。

我在上文回应第三及第四个误解时曾谈及这个误解,但再多说一点可能会更好些。这种反对意见喜欢用这样的话来掩饰自己:"你们让真理存在于每一价值之中,唯独认知价值除外;你们总是让你们的认识者与他的实在的对象相距遥远(或者至少也有一步之遥);你们至多让他的观念带领他朝向这个对象;但它永远在他之外",等等。

我认为,这里潜移默化的影响因素是根深蒂固的理智主义的信念,即一个观念要认识一个实在,必须以某种不可思议的方式占有它或成为它。① 对于实用主义来说,这种结合是不必要的。通常情况下,我们的认知只是一种失去平衡的思想过程和朝向终端实在的运动;心灵状态所相信的终端实在,只能由某个更大范围的认识者来保证。② 但是,如果世界上并不存在质疑这些信念的理由,那么

---

① 的确,感觉可以拥有其对象或者与之相结合,就像常识所认为的那样;概念之间被直观到的差异可能与"永恒的"客观差异相结合;但为了简化我们这里的讨论,我们可以对这些非常特别的认识情况进行抽象。

② 先验唯心论者认为,有限的心灵状态以某种不可思议的方式与无限(转下页)

8. 实用主义对真理的解释及其误解者

它们便是真的,这种真的含义与任何东西之为真的含义是一样的:也就是说,它们的真是实际的和具体的真。它们不必是同一哲学中的神秘的混杂意义上的真;它们为什么必定是真的,除了可证实的和实际的理由,并无其他任何可以理解的理由。拥有其自身的存在,这是实在的角色;通过无数的证实途径与实在"接触",这是思想的角色。

我担心实用主义的"人本主义"演变在这里可能会造成一些困难。我们只能通过其他真理来获得一个真理;我们永远假定我们所有的真理都必定与实在保持联系,可是,除非在我们现在正在检验的真理的形式中,实在可能永远不会被给予我们。但是,由于席勒博士已经阐明,我们所有的真理,即使是最基本的真理,都会受到带有人类因素的种族遗传的影响,因此实在本身可能只是一种极限;它可能被认为缩小到仅仅是一个对象的位置,而被认识的东西可能被认为只是我们心中的东西,我们用它来填充这个位置。

必须承认,以这种人本主义方式运行的实用主义与唯我论是相容的。通常它与康德哲学的不可知论部分、当代不可知论以及唯心主义友好相处。但是这样一来,它就成了一种关于实在问题的形而上学理论了,远远超出了实用主义自身对认识功能本质的适度分

(接上页)的全知者相同一,他发现自己必须设定这样一个全知者,以便为他所理解的认识关系提供一个基础。实用主义者可以把与全知者相同一的问题搁置起来;但是,如果他们想证明一个具体的认识,便不能没有更大范围的认识者,正如不能没有实在一样。他们自己扮演着话语世界的绝对认识者的角色,话语世界为他们提供了认识论的材料。他们保证那里的实在,保证主体对于那个实在的真知识。但是他们自己关于这整个世界的说法是否客观真实,即实用主义的真理理论是否确实是真的,他们不能保证,他们只能相信它。他们只能将它作为有待证实的不确定的东西或者有待其效果来确认的东西,向听众进行推荐,正如我向我的读者推荐它一样。

析,这种分析同样可以与那些人本主义成分较少的对实在的解释和谐地结合在一起。实用主义的优点之一在于它是非常纯粹的认识论。它必须假定实在;但它对实在的构成不作任何预断,各种各样的形而上学都可以将它为基础。当然,它与唯我论并无特别的亲缘关系。

当我回顾自己所写的东西时,其中许多部分给我一种奇怪的印象,仿佛在以一种高傲的方式阐述显而易见的东西,以至于读者很可能会嘲笑我华而不实。然而,像我们这样彻底的具体性可能并非显而易见。实用主义的全部原创性,它的全部要点,就在于它对具体观察方式的运用。它开始于具体性,返归于具体性,并且终结于具体性。席勒博士提出了真理的两个"实际的"方面,(1)与情境的相关性,(2)后续效用,他只是以此为我们更加详实地解释了具体性。一旦抓住这个更加详实的具体性,你就不会误解实用主义了。对世界进行具体想象的能力可能十分普遍,足以让我们的读者更好地理解我们,他们可能已经读懂了我们字里行间的意思,尽管我们的表述存在许多不妥之处,但他们可以更正确地猜出我们的思想。但是,唉!这并非命运的安排,所以我们只能以德国小调来说:——

"这该多美好,

 但事与愿违。"

9. 真理一词的意义[①]

我对真理的解释是实在论的,遵循认识论中的常识二元论。假设我对你说:"这个东西存在。"——这句话是真的还是假的?你如何知道?只有我的陈述进一步展开它的意义,你才能确定它是真的、假的或者与实在完全不相干。但是,如果你现在问:"什么东西?"我回答说:"一张桌子。";如果你问:"在哪里?"我指向一个地点;如果你问:"它是物质的东西还是仅仅存在于想象中的东西?"我说:"物质的东西。";如果我进一步说:"我指的是这张桌子。",然后抓住并摇晃这张你看到的、与我刚才的描述一样的桌子,那么你就愿意把我的陈述说成是真的。不过,这里你和我的角色是可以互换的;我们可以交换位置;正如你可以确定我的桌子,我也可以确定你的桌子。

这种独立于我们两人的实在概念,取自通常的社会经验,是实用主义的真理定义的基础。任何陈述,若要为真,都必定与某个这样的实在相符合。实用主义将"符合"定义为某种"作用"方式,它可以是现实的,也可以是潜在的。因此,我的陈述"这张桌子存在"

[①] 1907年12月在康奈尔大学举行的美国哲学学会(American Philosophical Association)会议上的讲话。

若对一张你认为实在的桌子而言是真的,它必须能够引导我摇晃你的桌子,运用一些让你联想到那张桌子的文字来解释我的陈述,画一幅和你看到的桌子相似的图画,等等。只有通过这些方式,说它与那个实在相符合,才有意义,只有这样,我听到你验证我的表述的声音时我才满意。因此,指称某个确定的东西,与其相适合——名副其实的符合,是我的任何陈述中"真"的定义的构成要素。

如果不通过概念的效用,你无法确定指称或适合。这即某个东西存在,它是什么,(在所有可能与那个什么相关的事物中)它是哪一个,这些都只有通过实用主义方法才能确定。"哪一个"意思是指出一种可能性,或者挑出特定的对象;"什么"指的是我们为了认识它而在一个本质方面做出的选择(这总是与杜威所说的我们自己的"情况"相关);所谓"这"指的是我们假设的对于信念的态度,对于所要认知的实在的态度。毫无疑问,要理解"真"这个词在一个表述中的含义,不能不提到这些效用。当然,如果我们撇开它们,认知关系的主体和对象就有些漂浮不定了——它在这同一个世界中仍然为真——这种"真"只是模糊的、未被认识的、缺乏相互联系或居间联系的。

然而,我们的批评者却认为这些效用无足轻重。他们说,任何可能的功用都不会"使"我们的信念为真;它们本来就是真的,是绝对真的,天生就是"真"的,就像尚博德伯爵(the Count of Chambord)生来就是"亨利-辛克"(Henri-Cinq)一样。与之相反,实用主义认为,陈述和信念的真只是在名义上是静止不变的:它们实际上是被当成真的;如果不参考它们的可能功用,你并不能说明你称它们为真是什么意思。这些可能的功用赋予了信念与实在的关系——"真理"这一名称应用于信念一方——以全部的逻辑内容，否则，这种关系仍然只是一种单纯的共在（coexistence）关系或者单纯的在一起（withness）的关系。

　　以上所述重申了我在《实用主义》一书中关于真理的那一讲的基本内容。席勒的"人本主义"学说、杜威的"逻辑理论研究"以及我自己的"彻底经验主义"，都涉及这样一个一般的作为"效用"——或者是现实的或者是可设想的——的真理概念。不过，他们只是将其作为更大理论中的一个细节，这些理论的最终目标是确定一般的"实在"概念的终极本质与构成。

10. 尤利乌斯·恺撒的存在[①]

我对真理的解释纯粹是逻辑性的,只涉及它的定义。我认为,若将"真"这个词应用于一个陈述,若不借助这个陈述的效用概念,你不可能知道"真"这个词的含义是什么。

为了阐明我们的这些观念,假设宇宙只由两样东西组成:帝国的恺撒——已死去并变成了泥土,以及说"恺撒真的存在过"的我。大多数人会天真地以为真理就是这样说出来的,并且以为我的陈述通过一种超距作用(actio in distans)直接抓住了另一个事实。

但是,我的话是否如此肯定地指向这个恺撒?——抑或如此肯定地表示他的个人属性?为了全面考量"真"这个形容词的最理想的含义,我的思想应与其特殊的对象有一种完全确定和明确无疑的"一对一关系"。在我们想象的超简单宇宙中,我的思想所指称的对象尚未得到证明。如果有两个恺撒,我们就不知道它指称的是哪一个。因此,在我们谈论的这个宇宙中真理的这些条件似乎尚不完全,所以我们必须扩大这个宇宙。

先验论者诉诸一种绝对精神来扩大这个宇宙,因为绝对精神拥有所有的事实,可以最好地将它们联系起来。如果绝对精神想让我

[①] 这篇文章最初以"真理与真理性"("Truth versus Truthfulness")为题发表于《哲学、心理学与科学方法》。

10. 尤利乌斯·恺撒的存在

的陈述一定指称这个恺撒,并且想让我心中所想的属性一定意指他的属性,那么这个意图就足以使这一陈述为真。

与之不同,我通过承认两个原始事实之间的有限中介来扩大这个宇宙。恺撒曾经造成一些结果,我的陈述也造成一些结果;如果这些结果以某种方式连在一起,那么一个具体的媒介和基础就被赋予了那个确定的认知关系。作为单纯的超距作用的认知关系显得太过模糊和难以理解了。

例如,真实的恺撒写了一份手稿,我看到的是一份真实的重印本,并说"我所说的恺撒是那份手稿的作者"。由此,我的思想的效用就更充分地决定了它的外延意义和内涵意义。现在它对自己的解释是,它并非与真实的恺撒无关,它所想的恺撒也并非假的。绝对精神看到我这样通过宇宙的中介而努力达到恺撒,很可能会说:"这些效用只是详细说明了我自己所说的那个表述为真的含义。我让这两个原始事实之间的认知关系所意指的,正是这种具体的中介链之存在或可能的存在。"

但是,这个中介链涉及该陈述——我们正在阐明其真理的逻辑条件——之前的事实,以及该陈述之后的事实;这种情况,再加上把真理和事实这两个词用作同义词的粗俗用法,使得我的解释容易被误解。有人颇为困惑地问道:"恺撒的存在,一个已经有2000年历史的真理,怎么可能依赖现在将要发生的事情来决定其真理呢?我对它的认可怎能通过这认可自身的效果而为真呢?这些效果可能的确会确认我的信念,但是这个信念已经因为恺撒确实存在这一事实而为真了。"

好吧,就这样吧,因为如果没有恺撒,当然就不会有关于他的肯定真理，但是我们要区分肯定的、完全确定的"真"，与只是"实际的"、省略的、人们承认的"真"——并非完全与认知无关或并非完全不真。还要记住，恺撒的存在这一事实可能会使当前的陈述为假或与认知无关，也可能使其为真，但是在这几种情况下它自身都必定是不变的。这陈述已经给出，但是，要知道这陈述是真理、是谬误、还是与认知无关，还要取决于这陈述自身产生的某个东西。实用主义的主张是，如果你不考虑一个陈述的实用性效用，那么你就无法充分定义这个东西。真理意味着与实在相符合，符合的方式是一个实际问题，只有这个关系的主体一端可以解决这个问题。

附注：最初，在这篇文章之后还有几段文字，意在平息理智主义者的反对意见。我说，既然你们如此热爱"真"（true）这个词，既然你们如此鄙视我们的观念的具体效用，那么你尽可以认为"真理"这个词表示你们十分关心的跳跃的和不可理解的关系；我要说的那种认识其对象的思想具有可理解的"真理性"。

正像我赠予理智主义者的大多数礼物一样，这一次也被拒绝了，所以我收回它，为我的慷慨而感到后悔。普拉特教授在其新书中将事实的任何客观状态都称为"真理"，并且在我所使用的"真理"一词的意义上使用"真性"这个词。霍特里（Hawtrey）先生（请见下文第281页[①]）在同样的意义上使用"正确"（correctness）一词。除了词汇的模棱两可所带来的通常弊端，如果"真理"一词在正式表达中不再作为我们的信念和观点的性质，而被看成"事实"的专用同义词，那么我们可能真的会放弃所有希望了。

[①] 这里指《真理的意义》英文原文281页。——译者

11. 绝对者与艰苦奋斗的生活 [1]

W. A. 布朗教授(W. A. Brown)在 8 月 15 日的《杂志》(*Journal*)[2] 上赞同我的实用主义,认为人们对于绝对者的信仰可以带来精神上的假日。但是他批评我让步太小,并通过鲜明事例说明这样的信仰在鼓舞艰苦奋斗的生活方面可能具有多么强大的力量。

我对他的那篇精彩文章没有任何批评意见,但请允许我解释一下,在绝对者可能带给人们的礼物中,为什么我只强调"精神假日"。在我的那个演讲中,我关注的主要是两种信念的比较,一种信念认为世界仍在创造过程之中,另一种信念认为世界有一个现成的完成的"永恒"版本。前者或"多元的"信念是我的实用主义所赞同的信念。这两种信念都肯定我们艰苦奋斗的激情。多元论实际上需要这种激情,因为它使世界的拯救取决于其各个部分注入能量,而我们就是其中的一部分。一元论也容许这种激情,因为无论它多么强烈,我们总是可以事先为自己投入其中而进行辩护,认为它将永远是那个绝对者所拥有的完满生活的表现。通过逃离你有限的知

---

[1] 转载自 1906 年[应为 1907 年。——译者]的《哲学、心理学与科学方法》。
[2] 指美国神学家威廉·亚当斯·布朗(William Adams Brown)发表在《哲学、心理学与科学方法》1907 年第 4 期上的"绝对者的实用主义价值"('The Pragmatic Value of the Absolute')一文。——译者

觉，进入永恒整体的概念，你可以神化任何偏好。虽然那个绝对者无所命令，但它会在事后认可任何事物和每一事物，因为任何事物一旦存在，就必定被视为完满宇宙的一个组成部分。因此那个绝对者同样容许寂静主义和狂热主义的存在。我们之中那些天生懒惰的人可能会听天由命，逆来顺受；那些精力过剩的人可能会变得更加鲁莽。历史表明，寂静主义者和狂热分子都可以轻松地从绝对主义的体系获得灵感。它同样适合病态的灵魂和强健的灵魂。

但是你却不能这样说多元论。多元论的世界总是脆弱的，因为有些地方可能会不知去向；而且没有"永恒的"世界版本可以让人感到安慰，它的支持者必定总是会有某种程度的不安全感。作为多元论者，如果我们给予自己精神假日，那也只能是暂时的喘息，以便为明天的战斗养精蓄锐。从实用主义的观点看，这成了多元论的一个永久劣势。对于那些病入膏肓的灵魂，它没有拯救的信息。绝对主义，除了能够提供其他信息外，还有这种信息，而且它是唯一必然拥有这种信息的体系。这成了它的主要优势，也是其宗教力量的源泉。正因为如此，我希望给予它充分的尊重，并高度评价它在赋予精神-假日方面的能力。它在这方面的主张是独一无二的，但是它与艰苦奋斗的亲密联系却远不如多元论体系那么强烈。

在我的那本书[①]的最后一讲，我坦率地承认了多元论的这种劣势。它缺乏绝对主义所表现出来的那种普遍的冷漠。它必然会使许多病态的灵魂失望，而绝对主义则可以安慰他们。但是绝对主义者很少利用这一优势，这似乎是一种糟糕的策略。病态灵魂的需求

---

① 指詹姆士的《实用主义》一书。——译者

无疑是最为紧迫的；绝对者的信徒应该认为这是他们哲学中的一大优点，即它能够很好地满足他们的需要。

我所捍卫的实用主义或多元论必须要有极端的韧性，愿意在没有保险或保证的情况下生活。因此，对于那些愿意在不确定的可能性中来生活的人而言，那种无论如何都能得救的寂静主义的宗教，有一点肥胖堕落的味道，这导致了人们对它的怀疑，甚至在教堂里也是如此。究竟哪一方是对的，谁又能说得清呢？在宗教中情感往往是专制的；但哲学必须倾向于最能与所有真理的整体和流向相一致的情感。我认为这是一种更强烈的艰苦奋斗的情感；但是我必须承认，它不能激起寂静主义者的狂喜，这是我所信奉的多元论哲学的一个严重缺陷。

12. 赫伯特教授论实用主义[①]

马塞尔·赫伯特教授是一位非常博学而开明的思想家（我相信他不再是天主教的教士），也是一位表述异常直率而清晰的著作家。在近年来出版的著作中，他的《论神》(*Le Divin*)是就宗教哲学的一般论题论述得最精辟的著作之一；在这本标题如上的小书中，他或许比众多实用主义批评者都更努力地避免对实用主义不公。不过，书中的那些常见的对实用主义目的的致命误解，使他的论述与批评失色不少。在我看来，他的小册子似乎是一个很好的挂钩，可以依托它再做一次尝试，告诉读者实用主义对真理的解释究竟是什么意思。

赫伯特先生认为它的含义就是大多数人所认为的它的含义，即：主观上证明对我们的思想方式便利的东西，无论它是否契合我们思想之外事物的任何客观状态，都绝对地无条件地为"真"。赫伯特先生假设这就是实用主义的观点，然后予以详尽的反驳。他说，那证明自身对人们非常便利的思想，对思想家来说，它确实可

[①] 转载自1908年12月3日的《哲学、心理学与科学方法》第五卷第689页，它是对马塞尔·赫伯特（Marcel Hébert）所著《实用主义及其在英美的各种表现形式》(*Le pragmatisme et ses diverses forms anglo-américaines*) (Paris: Librairie critique Emile Nourry, 1908, p.105)的评论。

12. 赫伯特教授论实用主义

能具有其他各种价值，但是它并不具有认知价值、表象价值和知识本身的价值（valeur de connaissance proprement dite）；当它确实具有很高的一般实用价值时，这总是因为它之前的那种价值，即正确地表象对我们的生活具有重要影响的独立对象。只有如此真实地表象事物，我们才能收获有益的成果。但是，跟随真理而来的果实并不等同于真理；所以赫伯特先生指责实用主义：告诉了我们关于真理的一切，但唯独没有告诉我们真理的本质。他确实承认世界是这样的，即：当人们对实在有了真观念时，许许多多的效用便随之而来；我认为在我们的批评者中，没有哪个人像他那样对这种种效用具有如此具体的认识；但是他重申，这些效用是次生的，而我们却坚持把它们视为原初的，我们由以得出所有这些效用的客观知识（connaissance objective）却被忽视、排斥和摧毁了。他说，我们的观念的实用价值和严格的认知价值可以完全一致——他承认它们大体上确实一致——但是它们在逻辑上并不等同。他承认，主观的兴趣、欲望、冲动甚至可能在我们的理智生活中占据主动的"初始地位"。认知只有在它们的鞭策下才能觉醒，并且遵循它们的提示和目标；可是当它被唤醒时，它是客观的认知本身，而不仅仅是处于满意状态的冲动倾向本身的另一个名称。一幅被认为出自科罗特（Corot）之手的画像，如果它被怀疑不是真迹，其主人会感到不安。他查了查它的来历，放心了。但是他的不安并不能使这个命题——真正的科罗特是这幅画的作者——为假，正如他的安心不能使这个命题为真。根据赫伯特先生的说法，实用主义声称我们的情感决定了真理和虚假，这会迫使我们得出结论：我们的心灵根本没有发挥任何真正的认知功能。

对我们立场的这种主观主义解释似乎源于我偶然写下的一段话(如果要解释我只从认知的主观方面看待认知,不必假定这些话是必需的):从长远来看,真理是我们便利的思想方式,正如善是我们便利的行为方式一样!我以前曾写过真理意味着"与实在相符合",并坚持认为任何一个观点的主要便利就是它与其他的公认真理相符合,因此我难以理解那种对我的观点所作的完全主观主义的解读。我的心中充满客观参照的概念,我做梦也没想到我的听众会置之不顾;我最不希望听到的指责是,我在谈到观念及其产生的满意时,否认外部的实在。我现在唯一感到奇怪的是,批评者们竟然发现,像我这样一个如此愚蠢的人——在他们眼里,我似乎必定如此——竟值得加以明确的反驳。

对我来说,对象是实在的一部分,就像观念是实在的另一部分一样。观念的真理是它与实在的一种关系,就像它的日期和地点是另一种关系一样。所有这三种关系都由宇宙的中间部分组成,这些部分在每一个特殊的情况下都可以确定和分类,而且在每一个真理的实例中都不同,正如它们在每个日期和地点的实例中都不同。

席勒博士和我坚持的实用主义观点——我宁愿让杜威教授本人说出他自己的观点——是这样的:所谓的"真理"关系是可具体定义的。在这个领域中,只有我们的定义明确尝试正面说明真理实际上是由什么组成的。我们的批评者确实没有提出任何取代方案来对抗它。对他们来说,当一个观念为真时,它就是真的,事情到此为止,"真"这个词是无法定义的。在他们看来,真观念与其对象的关系是独一无二的,它不能用其他任何东西来表达,只需命名就可以让任何人认知和理解它。此外,无论观念、实在以及它们之间的其他关系可能多么不同，真观念与其对象的关系是不变的和普遍的，在真理的每一个实例中都是一样的。

相反，我们的实用主义观点认为，真理-关系一定是一种可经验的关系，因此是一种既可描述又可命名的关系；它在种类上不是唯一的，既非不变的，也非普遍的。我们说，在任何给定的实例中，一个观念与使其为真的对象之间的关系都体现在，它通向对象的中介过程所涵盖的实在的细节里，这些细节在每个实例中都不同，在每个实例中都可以具体地加以追溯。一个观点引起的一系列效用就是该观点的真理、虚假或者无关性——视效用情况而定。一个人的每一个观念都会在他身上产生一些影响，或者是以身体行为的形式，或者是以其他观念的形式。通过这些影响，这个人与周围实在的关系发生了改变。一个观念引导他更接近一些实在，而更远离另一些实在，他时而感到这个观念已经令人满意地起作用，时而感到它没有令人满意地起作用。这个观念或者让他接触到了某个实现其意图的东西，或者没有。

这个东西就是人本来的认识对象。因为我们所能谈论的唯一实在就是我们所相信的这种对象，实用主义者每当说起"实在"时，首先指的是对这个人自身来说可算作实在的东西，他此刻相信是实在的东西。有时实在是一种具体可感的存在。例如，一个人的观念可能是：有一扇门通向一个房间，在那里可以买到一杯啤酒。如果他打开门，能真正看到啤酒，品尝啤酒的味道，那么他就会说这个观念是真的。或者他的观念可能是一种抽象关系，例如三角形的两个直角边与斜边之间的关系，这样一种关系就像一杯啤酒一样，当然也是一种实在。如果关于这种关系的思想使他画出辅助线,并比较它们所围成的图形,他通过知觉到一个又一个的平等关系,最终可能会以一种特殊的和直接的目光看到他所思想的那种关系,正如他品尝啤酒的味道一样。如果他这样做了,他也会称这个观念是真的。在每一种情况下,他的观念都让他更切近地接触到他当时感觉到的、证实那观念的实在。每个实在都只证实和确证它自己的观念;在每一种情况下,证实都包含这个观念所引起的令人满意的最终结果,无论是精神上的还是物质上的结果。这些"效用"在每个个案中都不同,但它们绝未超越经验,它们由精神的或可感的特殊事物组成,在每一个实例中它们都是可具体描述的。除非你认为,在作为起点的某个人心中的一个观念与作为终点的某个特殊的实在之间,这些具体效用确实或者可能介入其中,那么实用主义者无法理解你称一个观念为真可能是什么意思。它们的方向便是该观念对这个实在的指称,它们之让人满意便是该观念对实在的适应,对于观念的拥有者而言,这两者共同构成了观念的"真理"。如果没有这些具体的实在的经验中介部分,实用主义者便看不到被称为真理的那种适应关系由以确立的材料。

反实用主义的观点认为,真理之前就内在于观念了,效用只是其证据,你可以抹去效用存在的所有可能性,而观念的真理却依然坚固如初。但是这肯定不是与我们的真理观相反的理论。这是对所有清晰理论的摒弃。这只是声明有权利称某些观念为真;这就是我上面所说的反实用主义者没有给我们提供任何真正的取代方案的意思,我们的解释实际上是现有的唯一正面的理论。事实上,观念的真理除了有力量让我们在精神上或物质上适应实在,它还能有什么意义呢?

12. 赫伯特教授论实用主义

为什么我们的批评者一致指责我们是主观主义,指责我们否认实在的存在?我认为它源于主观语言在我们分析中的必然主导地位。无论实在如何独立和外在,我们在解释真理时,都只能把它们作为我们相信的对象来谈论。但是,经验的过程不断引导人们用他们认为更令人满意的新对象来取代旧对象,这样就不可避免地产生了一个作为边界概念(grenzbegriff)的绝对实在的概念,它等同于一个永远不会被取代的对象的概念,而关于它的信念将是最终的(endgültig)信念。因此,在认知上,我们生活在三重规则之下:正如我们的私人概念表象感觉-对象,把我们引向这些感觉-对象——独立于个人的公共实在,同样,这些感觉-实在可能转而又表象那些独立于所有人类思想者而存在的超感觉实在、电子、精神质料、上帝,等等。对这种最终实在的认识就是绝对真理,这种最终实在的概念是我们认知经验的产物,它是实用主义者和反实用主义者都无法逃避的。它们构成了每个人思想中不可避免的规范性假设(regulative postulate)。在我们所有的信念中,关于它们的概念是最丰富的,最令人满意的,也是最不受质疑的。我们与反实用主义者之间的不同在于,我们的批评者把这种信念作为他们唯一的范型,在他们看来,任何谈论属人的实在的人,好像都认为实在"本身"的概念是不合法的。可是他们谈论的实在本身也只是一个属人的认识对象;他们设定它存在,正如我们设定它存在;如果我们是主观主义者,他们同样如此。对于任何人——无论是实用主义者还是反实用主义者——来说,实在自身只有被相信才能存在;它们被相信,只是因为它们的概念看起来是真的;它们的概念看起来是真的,只是因为它们的效用令人满意,而且是对特殊的思想者的目的而言令人满意。对于任何事物来说,都不存在唯一的真观念。谁的观念是关于绝对者的唯一的真观念?以赫伯特先生为例,您所拥有的关于一幅画的唯一真观念是什么?那是最能满足您目前兴趣的观念。您的兴趣可能是这幅画的位置、年代、"色调"、题材、尺寸、作者、价格、价值等等。如果有人怀疑这幅画出自科罗特之手,那么能满足您当时兴趣的便是您要确认您拥有一幅科罗特的画;但是,如果您有正常人的思维,仅仅称之为科罗特的画,并不会同时满足您心灵中的其他需求。为了满足这些需求,您对这幅画的了解须与您所知道的实在系统——现实中的科罗特是其中的一个角色——的其他部分顺畅地联系起来。赫伯特先生指责我们的观点是:个人的满足本身就足以使得信念为真,就我们而言,并不需要现实中的科罗特存在。我不知道为什么我们要这样与更普遍的理智的满意相隔绝,但不管是理智上的满意还是个人专有的满意,它们都属于真理-关系的主体方面。它们确立了我们的信念;我们的信念是对于实在的信念;如果没有实在,信念就是假的;但是,如果有实在,我们怎能在不相信它们的情况下认识它们;或者,除非我们首先拥有它们的观念——这些观念令人满意地发挥作用,我们如何相信它们,实用主义者认为这是不可想象的。实用主义者也无法想象:是什么让反实用主义者对实在的那种"武断的"(ipse dixit)保证,比实用主义者基于具体证实的信念更可信。经过如此解释,赫伯特先生或许会同意这一点,所以就知识本身的问题而论,我看不出我们比他有何逊色。

有些读者会说,尽管我可能相信在我们观念之外的实在,但是席勒博士无论如何是不相信的。这是一个极大的误解,因为席勒和我的学说是一致的，只是我们的论述遵循的方向不同。他从链条的主体一极开始，把具有信念的个人作为更具体、更直接的被给与现象。"一个人声称他的信念是真的，"席勒说，"他所说的真是什么意思？他是如何确立这一主张的？"带着这些问题，我们开始了心理学的研究。一个信念为真，对那个人来说，意味着令他满意地发挥作用；由于作用和满意因人而异，因而无法进行普遍的描述。有用的就是真的，就表象实在，就个人而言，对他有用的就是真的，就表象实在。如果他绝对正确，那么实在就"确实"存在；如果他是错误的，那么实在就不存在，或者不像他认为的那样存在。当我们的观念令人满意地发挥作用时，我们会都相信它；但是我们不知道我们当中谁绝对正确；因此，真理问题和错误问题是同样的问题，它们都起于同样的情况。席勒也是会出错的人，他只探讨为-他-的实在（reality-for-him），在他的许多读者看来，他似乎完全忽略了实在本身（reality-in-itself）。但是，那是因为他只想告诉我们，真理是如何获得的，而不是我们获得的那些真理的内容是什么。也许所有信念中最真的应该是关于跨主体的（transsubjective）实在的信念。当然，这似乎是最真的，因为没有哪个与之对立的信念能让那么多人获得满意，这很可能是席勒博士自己的信念；但是，鉴于他的理论的直接目的，他不需承认这一点。他更没有义务事先假定这是他讨论的基础。

然而，我由于受到批评者的警告，采取了不同策略。我从观念-实在链的对象一极出发，沿着与席勒相反的方向前进。为了预测人类的一般真理-过程的结果，我从客观实在的抽象概念开始。我设定它，并自问，如果我保证这个实在存在，那么是什么使得另一个人具有的它的观念在我和他看来都是真的。但是我发现我与席勒给出的答案并无不同。如果另一个人的观念引导他不仅相信这个实在存在,而且用它作为这个实在的暂时替代,使它引起的适应性的思想和行为如同实在本身引起的一样,那么它就在唯一可理解的意义上是真的,通过其特殊的结果而是真的,对我和对这个人都是真的。

我的解释更多的是一种逻辑的定义;席勒的更多的是一种心理学的描述。两者都在处理一个完全相同的经验问题,只是处理的方向相反。

也许这些解释能让赫伯特先生满意。他的这本小书,除了错误地指责实用主义是主观主义之外,还对实用主义认识论作了相当有启发性的阐述。

13. 抽象主义与"相对主义"

　　抽象概念像弹性、体积和分离性，是我们具体经验中的突出方面，我们发现把它们挑出来是有用的。其之所以有用，是因为我们会由之联想到具有这些相同方面的其他事物；而且，如果这些方面在那些事物上产生结果，我们便可以回到我们最初的事物，期待产生同样的结果。

　　帮助我们预见结果，这总是一种收获，而这正是抽象概念给予我们的帮助，显然，只有当我们借助抽象概念重新回到具体的特殊事物，在我们心中产生了结果，并由此丰富我们对原初对象的概念时，它们的作用才得以实现。

　　若无抽象概念来处理我们感知的特殊事物，我们就像单脚跳的人。概念与特殊事物并用，我们就成了两足动物。我们向前抛出我们的概念，在结果上找到一个立足点，把我们的线搭在上面，然后把我们的知觉对象拉上来，就这样以单足跳、蹦跳、跳跃的方式行进于生活的台面，这相比于我们只能在无法预料的雨点般倾泻而下的密密麻麻的特殊事物中蹒跚而行，速度要快得多。动物不得不那样做，但是人类能够抬起头来，在更高的概念空气中自由呼吸。

　　我们很容易理解为什么所有哲学家都对意识的概念形式推崇备至。从柏拉图时代起，它就一直被认为是我们通向本质真理的唯一途径。概念是普遍的、不变的、纯粹的；它们之间的关系是永恒的；它们是精神性的，而它们使我们能够处理的具体的特殊事物却被肉体所腐蚀。因此，它们自身就十分珍贵，除了它们的原初用途，它们还赋予我们的生活以新的尊严。

只要概念的原初功能不被这种赞美所吞没，不被遗忘，人们对它们的这种感觉是无可挑剔的。这种功能当然就是通过给我们的瞬间经验加入我们通过概念所认识到的成果，在精神上扩大我们的瞬间经验；但遗憾的是，哲学家在推理中不仅常常忘记这种功能，而且常常把它转化为完全相反的功能，并且通过（含蓄地或明确地）否认它的所有特征（除了一个专门抽象出来用以认识它的那个特征之外），使之成为一种贬低原初经验的手段。

我的这些表述本身是一种非常抽象的申诉方式，需要通过举例说明其含义，使其变得不再晦涩难懂。批评者们以这种恶的抽象方式来设想我自己非常珍视的一些信念。其一是所谓的"信仰意志"；其二是关于未来的非决定论；其三是这样一个概念，即真理会随着真理持有者的立场而变化。我认为，对抽象功能的不正当的滥用导致批评者们使用错误的论证来反对这些学说，并经常导致他们的读者得出错误的结论。如果可能的话，我想通过几句反批评的话来挽救这种局面。

让我以"恶的抽象主义"来称呼概念的一种使用方式，这种方式可以这样来描述：我们通过挑出其中的一些突出的或重要的特点来认识一个具体的事物，并据此将其归类；然后，我们不把这种认识它的新方式可能产生的所有积极结果加到它以前的特征上，而是继续以残缺的方式使用我们的概念；把原本丰富的现象简化为这个

13. 抽象主义与"相对主义"

抽象名称的空洞的提示,把它当作"除了"那个概念"之外什么都不是"的情况,就好像把那些赖以抽象出这个概念的所有其他特征都删除了。[①] 以这种方式进行的抽象,成为思想的一种阻碍手段,而不是进步手段。它摧残事物;它制造困难,导致不可能性;我深信,形而上学家和逻辑学家有关世界的悖论和辩证法的难题带给自己的麻烦,有一半以上可以追溯到这个相对简单的源头。我相信,以恶的残缺的方式使用抽象特征和类名是理性主义心灵的一大原罪。

让我们马上举出具体的例子,来看一下最近富勒顿(Fullerton)教授巧用似是而非的理由所摧毁的关于"自由意志"的信念。[②] 如果一个普通人说他的意志是自由的,那是什么意思?他的意思是,他的生活中存在着分叉的情况,在他看来,有两种未来是同样可能的,两者都同样植根于他的现在和过去。无论哪一种成为现实,都将从他以前的动机、性格和环境中成长起来,不断延续他个人生活的脉动。但是,有时两者同时存在是不符合自然本性的,那么在这位天真的观察者看来,就好像他现在在两者之间做出了选择,哪种未来出现的问题不是在世界之初就决定的,而是在事实活生生地增长的每时每刻都被重新决定,而可能性在转向一种行为时,似乎排除了其他所有行为。

在这里,那些只看表面现象的人可能真的会被欺骗。他常常会把自己对既定事物的无知,误认为未来事物真的不确定。然而,无

[①] 不要让读者把这里描述的谬论与正当的否定推论——例如,逻辑书中根据名为"celarent"的三段论形式做出的否定推理——混淆起来。

[②] 《通俗科学月刊》(*Popular Science Monthly*) 第五十八和五十九卷。

论这是多么不真实,他所描绘的情况并未在过去和未来之间造成断裂。不管固定方向的道岔放在哪个方向,火车是同一列火车,它的乘客是相同的乘客,它的动力是相同的动力。对于非决定论者来说,在任何时候都有足够的过去,让眼前所有不同的未来以及更多的未来在其中找到它们的原因,而无论哪个未来到来,都会很容易从过去滑出,就像火车滑过道岔一样。简而言之,对于自由意志的信仰者和严格的决定论者来说,世界本身都是连续的,只是后者不能相信分叉点是真正中性的(indifferent)平衡点或者装有分流器的点,它在那里——而且只有在那里,而不是之前——引导现有的运动,而不改变其数量。

严格的决定论者认为,如果真的存在这种中性的点,那么未来和过去就会绝对分离,因为从抽象的角度看,"中性的"这个词意味着完全断开。凡是中性的东西迄今为止都是无关联的和超然的。他们如此严格地对待这个词,你瞧,他们告诉我们,如果在过去和未来之间的宽阔高速路上发现任何中性的地点,那么我们便在分流器或道岔的两边找不到任何形式的联系、任何持续的动力、任何相同的乘客、任何共同的目标或动因。这地方就是一道不可逾越的鸿沟。

富勒顿先生写道(着重号是我标注的):

"只要我的行动是自由的,我曾经是什么、我现在是什么、我一直在做什么或一直在努力做什么、我此刻最热切地希望或决心做什么——这些事情存在与否,与它的未来实现没有任何联系。这种可能性是可怕的;当然,即使是最狂热的自由意志主义者,当他坦诚地思考这个问题时,肯定也会原谅我抱有这种希望:如果我是自由的,我至少不是非常自由,我可以合理地期望在我的生活和行动中看到某种程度的前后连贯性。假设我给了一个盲人乞丐一美元。如果这真的是一种出于自由意志的行为,人们是否能够恰当地说我给钱了呢?是不是因为我是个心地善良的人而给钱,等等,等等?这一切与自由意志行为有什么联系?如果它们是自由的行为,它们必定不受制于任何先前的环境、乞丐的苦难以及路人心中的怜悯。它们必定是无原因的,而不是被决定的。它们必定是从天而降的,因为只要它们可以被解释,它们就不是自由的。"①

但愿我不会在这里卷入一场关于自由意志问题是非的争论,因为我只是想通过一些攻击这个学说的人的行为来说明恶的抽象主义。分叉的时刻,正像非决定论者自己经验的那样,既是重新确定方向的时刻,也是连续的时刻。但是,由于我们在重新确定方向的"非此即彼"(either—or)的过程中犹豫不决,决定论者便从经验中充裕的连续性里抽出了这个小小的不连续性因素,并以其名义取消了经验具有的所有连续性特征。对他来说,选择意味着从今往后纯粹而简单的非关联性,意味着在任何方面事先都不确定的事物,而充满选择的生活一定是一片喧嚣的混乱,在任何两个时刻我们都不能被视为同一个人。麦克塔加特②先生向我们保证说,如果尼禄(Nero)在下令谋杀他母亲的那一刻是"自由的",任何人在任何其他时刻都无权称他为坏人,因为那时他完全是另一个尼禄了。

论战者不应仅仅击败他的对手。他应争取让对手感到自己错了——也许不足以说服他,但足以让他问心有愧,削弱他的论辩能

---

① 同上,第五十八卷第 189 和第 188 页。
② 参见《若干宗教教条》(*Some Dogmas of Religion*)第 179 页。

量。上述对人的信念的粗暴讽刺只能让人对其作者感到蔑视，因为他们无力看到问题的缘由。认为一个抽象元素的否定特征取消了与之共存的所有肯定特征，这种看法尽管可能会让旁听者鼓掌喝彩，但它并不能改变任何一个真正的非决定论者看待问题的方式。

现在来谈谈对"信仰意志"的一些批评，它们是目前以恶的方式运用抽象的另一个例子。对于尚无完整客观证据来证明其真理的事物，我们也有权利相信它们，那些通过具体性来理解人类某些处境的人会为这种权利进行辩护。在那些情况下人们面临的选择非常多，任何一个方面都无充分证据，但是这选择又非常重要，坐等证据并且陷入怀疑，这在实际事务中可能往往等同于趋向否定的一方。生命究竟有没有价值？这个宇宙中存在什么普遍意义吗？是否所有苦难都有报偿？**存在**中是否可能有一种超凡的经验，某种契合于"第四维"的东西（如果我们能找到它，可能会弥补这个世界上的一些缺陷，让这个世界看起来比原来更合理）？是否存在一种超人意识，我们的心灵是它的一个部分，我们可以由之获得灵感与帮助？对于这些问题，我们中的一些人认为我们有权切实地做出是或否的回答，另一些人则认为这在方法论上是不允许的，并要求我们彻底承认无知，并宣称每个人都有义务拒绝相信。

不用说，这些批评者中有些人的观点前后矛盾。尽管他们抨击"信仰意志"这个短语，认为它毫无可取之处，但是他们出版的著作却很好地诠释了信仰意志。我将再次以麦克塔格特先生为例，他确信"实在是理性的和公正的"，"必定在时间中变得完美无缺"；他说这一信念是必然逻辑的结果；就这一说法在这位天才作家心中的真正起源而言，它绝未欺骗任何读者。人类是按照统一的模式创造的，我们任何人都无法成功地摆脱信仰行为。关于某种世界观对我们的意义，我们有着生动的愿景。一想到这一点，我们就会心潮澎湃或不寒而栗，这种感觉会贯穿我们的整个逻辑本质，并使其生机勃勃。我们觉得它不可能是那样的；它必定是这样的。它必定是它应该是的样子，它应该是这样的；然后我们寻找各种理由，不管是好的还是坏的理由，使这种根深蒂固的"应该是"看起来在客观上是可能的事情。我们要证明那些反对它的论据是不充分的，这样它就可能是真的；我们诉诸的是我们整个天性的忠诚，而不是诉诸什么虚弱的三段论证明能力。我们通过回忆音乐所扩展的世界，通过深思日落预示的征兆，通过起于春日森林的兴致，来强化信仰意志。当经历这整个经验的人最后说出"我相信"时，这整个经验的本质就在于他的愿景的高度具体性、他的假设的个体性，以及在他的最后状态中产生的各种具体的动机与知觉的复杂性。

现在来看看抽象主义者如何看待这丰富而复杂的愿景，即事物的某种状态必定为真。他通过以下三段论来指责相信者的推理：——

一切美好的愿望都必定实现；

相信这个命题的愿望是一种美好的愿望；

因此，这个命题必定被相信。

他用这种抽象来替代相信者的具体心灵状态，把抽象的赤裸裸的荒谬强加于相信者，并轻而易举地证明，任何为相信者辩护的人都必定是世上最大的傻瓜。似乎任何真正的相信者都曾以这种荒谬的方式思考过，或者似乎任何捍卫人类具体推理方式之合法性的人都曾经运用过抽象而普遍的前提:"一切愿望都必定实现"!尽管如此,麦克塔格特先生还是在上述著作第47至57节郑重其事而又不辞辛苦地驳斥了这个三段论。他指出,在字典中"欲望"、"美好"和"实在"这三个抽象概念之间没有固定的联系;但是他忽略了相信者在一个具体情境下感觉和知觉到的所有联系!他又说:——

"当一个事物的实在性尚未确定时,这个论证鼓励我们假设,我们对一个事物的认可可以决定它的实在性。一旦这种不正当的联系建立起来,我们就会遭到报应。因为一旦该事物的实在性不依赖于我们而确定,我们就不得不承认,该事物的实在应该决定我们对该事物的认可。我觉得很难想象还有比这更糟糕的观点了。"

在此,我们不禁想以讽刺的方式引用黑格尔那著名的公式,即实在的等同于合理的,来赠予他的这位英国信徒,他在那一章的结尾处写下豪迈的话语:——

"对于那些不祈祷的人来说,还有一个解决办法,即在他们的力量范围内,无论是死亡的痛苦还是生活的痛苦,都不会让他们在其认为是虚假的事物上获得任何安慰,也不会让他们在其认为是真实的事物上失去任何安慰[不安?]。"

如此心思缜密的作家怎会看不到他的箭都偏离目标有多远呢?当麦克塔格特先生本人相信宇宙是由绝对理念的辩证能量所支配时,他就会觉得他对拥有这样一个世界的执着欲望并非一般欲望的偶然例子,而是一种十分独特的赋予洞见的激情,在这种情况下,若无其他状况出现,他若不顺从这种激情,那是愚蠢的。他顺从它的具体特点,而不是它作为一种"欲望"的空洞的抽象特征。他的处境是一个特殊的处境,就像一个女演员认为她最好结婚并离

13. 抽象主义与"相对主义"

开舞台一样，就像一个教士返俗一样，就像一个政治家放弃公共生活一样。什么样的聪明人会试图通过追溯至抽象的前提，例如"所有女演员都必定结婚"、"所有神职人员都必定会是俗人"、"所有政治家都会辞职"，来反驳这些人的具体决定呢？虽然这种反驳对于说服他人是完全徒劳的，但是麦克塔格特先生在他的书中用了很多篇幅来进行这种反驳。他用一个狭隘的观点替代我们充分的真实理由。他用一个无人愿意相信的骷髅式的抽象来代替真实的可能性。

下面这个例子中的抽象就不那么简单了，但是它作为攻击武器仍然相当脆弱。经验主义者认为一般的真理是从个人的信念中提炼出来的；所谓的实用主义者"更胜一筹"之处在于，他们试图在真理到来时界定它的内涵。我曾在别处说过，真理在于信念的这样一种效用，即它可以使人与信念所指的对象建立令人满意的关系。这效用当然是人的实际经验中的具体效用，是人的观念、感情、知觉、信仰、行为中的效用，也是他们所处环境中物质事物之间的效用，而且我们必须把这些关系理解为既包括可能的关系也包括现实的关系。我在《实用主义》一书论真理一章中，曾不遗余力为这一观点辩护。它的敌人对它的误解确实很奇怪，而且这些误解还很多。我们尝试引入某种具体性，以说明一个观念的真理可能意味着什么，对这一尝试最可怕的攻击是在许多领域已提出的一种观点，其大意是，让真理以任何方式从人的意见中生长出来，这不过是再现了普罗泰戈拉的学说即个人是"万物的尺度"，而人们一致认为两千多年前柏拉图已在他那不朽的对话《泰阿泰德篇》中将这种学说安然地埋葬于坟墓里了。里克特（Rickert）教授和敏斯特贝格

(Münsterberg)教授最擅长利用这种方法反对让真理具体化的观点,他们用德文写道,[①]"相对主义"是他们对那些要竭力铲除的异端邪说的命名。

他们反对"相对主义"的运动的第一步完全是空中楼阁。他们指责相对主义者——我们实用主义者就是典型的相对主义者——被自己采用的原则所禁锢,不仅失去了理性主义哲学家所拥有的权利,无法相信自己的那些原则是客观的绝对的真理,而且甚至失去了形成这样一种真理——根据实用主义的观点,这种真理是所有人都会同意的、任何人都不想改变的理想观点——的抽象概念的权利。但是这两个指控都很离谱。我本人作为一个实用主义者,坚信我自己对真理的看法,正如任何理性主义者可能坚信他的看法一样。我之所以相信它,正是因为我拥有我的博学的对手们认为任何实用主义者都无法形成的真理观念。也就是说,我希望,人们越充分地讨论和检验我的观点,越会认同它是合适的,越不希望改变它。当然,我的这种自信可能还为时过早,最终的和绝对的真理的荣耀可能属于后来对我的体系的某种修正和改正,而这后者也会被人们根据这个尺度——它与最终令人满意的表述之间的差距——被判断为是不真的。要像我们实用主义者一样,承认我们的观点会受到改正(尽管我们并不期望这一点),意味着到我们运用了理想的标准。理性主义者自身作为个人有时也是满腹疑惑,承认他们自己目前的观点在某种程度上存在着改正和修改的抽象可能性,因此,这样一个事实——这个纯粹的绝对标准的概念在他们看来十分重要,

---

① 敏斯特贝格的书刚刚出版了英文版:《永恒的价值》(*The Eternal Values*)(Boston, 1909)。

13. 抽象主义与"相对主义"

他们自己主张这个概念,却否认我们主张它——是很难解释的。如果他们在提出这个标准概念的同时,还能为自己现在的指控提供独一无二的依据,那么这对他们来说确实很重要。但是像里克特这样的绝对主义者却坦然承认,即使在他们自己的手中这个概念也是无用的。他们说,真理就是我们应该相信的东西,即使从来没有人相信或者将来也没有人相信它,即使我们只能在通常的经验过程中通过我们的观点相互检验和通过事实检验来获得它。因此,从实用主义的观点看,这部分争论毫无意义。没有哪个真正在地球上生活的相对主义者[①]曾否认其思想中的绝对真理概念具有规范性。相对主义者所质疑的是,人们自欺欺人地认为自己在某一时刻确定无疑地发现了那个形式的真理。既然较好的绝对主义者同意这一点,承认"有绝对真理"这一命题是我们唯一可以肯定的绝对真理,[②]那么进一步的争论实际上无关紧要了,所以我们可以转到他们的下一个指控。

正是在这一指控中,恶的抽象主义变得最为明显。反实用主义

[①] 当然,在逻辑学书中被称为"怀疑主义者"的讨厌鬼固执地认为:"没有任何一个陈述是真的,甚至他现在所做的陈述也不是真的",他只是理性主义的射击馆中的一个机械玩具靶子——打中他,他就翻一个筋斗——然而他们似乎是我的这些同行所能想象到的唯一一种相对主义者。

[②] 请对比里克特的《论知识》(*Gegenstand der Erkenntniss*)第137和第138页。敏斯特贝格对这第一真理的界定是"有一个世界"(*Es gibt eine Welt*)——参见他的《价值哲学》(*Philosophie der Werte*)第38和第74页。毕竟,这两位哲学家最终都承认,这第一真理——他们认为我们对它的否认是不合理的——根本不是一种正确的洞见,而是意志所采纳的一个信条,任何不相信它的人都可以无视它!但是,如果一切都回归到"信仰的意志",那么实用主义者与其批评者一样都拥有这种采纳信条的权利。

者在假定绝对真理时,拒绝对这个词的含义作出任何解释。对他来说,这个词是不言自明的。与之相反,实用主义者明确地界定了这个词的含义。实用主义者说,绝对真理意味着一套理想的公式,从长期的经验来看,所有的观点都可能朝着这个理想的公式汇合。在这个绝对真理的定义中,他不仅假定有这样一种观点汇合的趋势,朝向这种终极共识的趋势,而且同样假定了定义中的其他因素,即通过预期从期望达到的真结论中借用的因素。他假定了各种观点的存在,假定了那筛选各种观点的经验,以及经验将表现出的一致性。他通过这些假设为自己辩护,他说这些假设不是严格意义上的假设,而是以类推的方式从过去延伸到未来的简单归纳;他认为,人类的观点在这些假设方面已经达到了相当稳定的平衡,如果人类的观点在未来的发展中不能改变这些假设,那么这个定义本身,包括它的所有术语,都将是它所定义的绝对真理的一部分。简而言之,这个假设将在这整个圆圈中成功地发挥作用,并证明了它具有自我-验证性,圆圈将会闭合。

然而,反实用主义者立即与这里的"观点"一词发生冲突,把它从生活世界中抽象出来,把它当作词典中的一个空洞的名词,用来否认那些与之共存的其余假设。词典上说观点是"某人所想或相信的东西"。这一定义使每个人的观点都可以自成一体,或者使之与其他人的想法无关,或者使之与真理无关。因此,我们的抽象主义者继续说,我们必须认为它本质上就是无关系的,这样,即使有十亿人持相同的观点,只有一个人持不同的观点,我们也不能承认有任何伴随的环境可以担保,是他而不是他们更有可能是错的。他们说,真理不是靠数人头数出来的,也不只是多数票的别名。它是

13. 抽象主义与"相对主义"

一种先于经验的关系,是我们的观点与(实用主义的解释所忽略的)自在事物之间的关系,尽管许多人会永远否认这种关系,但它会将他们的观点定性为虚假的观点。这位反实用主义者让我们相信,谈论那些不指称这种自在事物的观点,等于在扮演哈姆雷特时忽略哈姆雷特的角色。

但是,当实用主义者谈到观点时,他指的是这里假设的那种与世隔绝、没有动机的抽象观点吗?当然不是。他指的是人们的活生生的观点,他们自身实实在在形成的观点,这些观点被它们的基础以及它们所接受和施加的各种影响包围着,它们处于整个社会交往环境之中,它们是这环境的一部分,并且因这环境而产生。而且,实用主义的定义所假定的"经验"正是反实用主义者指责他忽视的自在事物。众所周知,这样的经验是"关于"自在实在的经验,任何一种观点要成为真理,都必须承认它的存在。人们已形成共识,从长远来看,对抗经验的压力是没有用的;一个人拥有的经验越多,他在真理方面的地位就越高;一些人有更多的经验,因此比其他人更有权威;而且有些人天生就比较聪明,能够更好地解释他们所拥有的经验;比较各种看法、与人进行讨论、遵循我们之中优秀者的观点,皆是这种智慧的一部分,而且对各种观点的比较和权衡越系统、越彻底,存续下来的观点就越有可能是真的。当实用主义者谈论观点时,他所想到的观点是以具体的、生动的、相互作用的和相互关联的方式存在的;由于"观点"这个词也可以抽象地加以看待,好像它不处在任何环境中一样,所以当反实用主义者试图贬低实用主义者时,他完全忽略了这整个讨论所赖以发生的土壤,他的批评属于无的放矢,不着边际。没有人会在反对滑稽的信念与干瘪的观点的战争中受伤,而德国人猛烈抨击的"相对主义"正是这些东西。拒绝以抽象的方式使用"观点"一词,将它置于它的真实环境中,实用主义的枯枝就不会折断。

遗憾的是,无论人们关于真理的一般概念是什么,都必须承认"固执己见"的人——即他们的观点非常顽固——确实存在。但是,若说这一事实使得真理不可能从观点的生活世界中真正产生出来,这是任何批评家都未证明的。真理完全可以由某些观点组成,实际上它除了观点之外什么都没有,尽管并非每一种观点都必定是真的。实用主义者不必武断地认为未来的观点共识是正确的,他只需假定它可能比现在任何人的观点都包含更多的真理。

14. 两位英国批评者

伯特兰·罗素（Bertrand Russell）先生的文章"大西洋彼岸的真理"（"Transatlantic Truth"）[①]正如人们所料，十分清晰、辨证微妙并且机智，但是它在理解我们的主张时却完全没有触及正确的观点。例如，我们说一个真命题即这样的命题，相信它，会有好结果。他认为我们的意思是，任何相信一个命题为真的人，必须首先清楚地知道它的结果是好的，而且他的信念必须主要是基于这个事实。这个看法显然荒唐，因为这一事实表达的是一个新命题，它与第一个命题截然不同，而且这一事实通常很难证实，诚如罗素先生所言："解决这样简单的事实问题即'教皇一贯正确吗？'，比解决这样的问题即关于它们的正确思想是否总体结果是好的，要容易得多。"

我们根本没有肯定罗素先生所设想的那些荒谬观点。我们所说的好的结果不只是习惯上用来确定真理存在的一个确定的标记、标志或标准，尽管它们有时确实可以作为这样的标志；更确切地说，我们是把它们看作每一个真理-主张背后潜藏的动机，无论"相信者"是否意识到这种动机，无论他是否盲目地服从它。它们被认为是我们的信念存在的原因，而不是这些信念的逻辑提示或逻辑

[①] 发表于 1908 年 1 月的《奥尔巴尼评论》（*Albany Review*）。

前提，更不是它们的客观表达或内容。它们赋予我们的信念的差异——我们习惯上称其为真或假——唯一可理解的实际意义。

除了实用主义者自己以外，任何真理-主张者（truth-claimer）都无需意识到结果在他自己心中所起的作用，而实用主义者也只是抽象地和一般地意识到这一点，并且在涉及到他自己的信念时可能随时会完全忘记这一点。

接下来，罗素先生加入了那些人的行列，他们告诉读者，根据实用主义对"真理"一词的定义，即使 A 不存在，信念"A 存在"仍然可以为"真"。这是惯常的诽谤，我们的批评者对此喋喋不休。他们忘记了，在对人类生活中的"真理"之含义的任何具体解释中，这个词只能相对于某个特殊的相信者使用。因此，我可以认为莎士比亚（Shakespere）真的创作了署其姓名的戏剧，并可以向一位评论家表达我的观点。如果这位评论家既是实用主义者又认为培根是莎士比亚戏剧的作者，那么他会以实用主义者的身份清楚地看到，我的观点的效用，就我是我而言，使得该观点对我来说是完全正确的，但是就他认为培根是莎士比亚戏剧的作者而言，他仍然相信莎士比亚从未写过我们所谈论的戏剧。但是大多数反实用主义的批评者将"真理"这个词视为绝对的东西，很容易利用他们的读者易于将自己的真理视为绝对真理的心理。如果他们的一位读者相信 A 不存在，而我们实用主义者证明有些人相信它存在，并且这种信念取得了令其满意的效果，这些人总会说它是真的，那么他很容易对我们的观点嗤之以鼻，认为其幼稚可笑，因为这不等于说，尽管我们的信念宣称为事实的东西——正如这位读者所深知的那样——根本不存在，我们所说的信念仍然为"真"吗？罗素先生说我们的表述"试图摆脱事实",他自然认为这是"一种失败"(第410页[①])。他补充说,"旧的真理概念卷土重来",当然,这个概念是:当一个信念为真时,它的对象确实存在。

当然,根据正确的实用主义原则,它必定存在。概念表示结果。我通过"真"这个概念来认识我的一个观点,世界对我来说变得有什么不同呢?首先,必须能够在那里发现与该观点相符合的对象(或者必须发现这样一个对象的确凿迹象)。其次,这个观点不能与我所知道的任何其他事物相矛盾。尽管实用主义的要求无疑是,当我正确地说某物存在时,它会存在,但是罗素先生所重复的诽谤却广为流传。

罗素先生本人机智过人,才华横溢,长于推理,不会以教条主义的方式重复这种诽谤。在他看来,一个事物若非数学和逻辑,便什么都不是,他必须从技术上(secundum artem)证明这一指控,与其说证明我们是错误的,不如说证明我们是荒谬的。在这个过程中,我真诚地尽力追寻他那曲折的思想线索,但是我却只能从中看到我所说的(请见上文第249页[②])恶的抽象主义的又一个例子。数学和纯粹逻辑的抽象世界对于罗素先生来说是如此自然,以至于他认为我们这些描述具体事实的作用的人必定也是在谈论固定的数学术语和函数。数学术语,如 a, b, c, x, y, sin., log. 是自足的,这类术语一旦相等,就可以无穷无尽地相互替代而不会出错。罗素先生以及我下面要谈到的霍特里先生似乎都认为,在我们口中,诸

[①] Bertrand Russell, "Transatlantic Truth", *Albany Review*, 2:10 (Jan. 1908), p. 410.——译者

[②] 这里指《真理的意义》英文原文249页。——译者

如"意义"、"真理"、"信念"、"对象"、"定义"之类的术语也是自足的,没有什么可以进一步追问的各种关系背景。一个词的含义是由它的定义来表达的,不是吗?定义要求准确和恰当,不是吗?因此它可以替代这个词——因为这两者相等同——不是吗?因此,两个具有相同定义的词可以互相替代,不是吗(n'est-ce pas)?同样,同一个词的两个定义亦是如此,不是吗(nicht wahr)?等等,等等,因此,如果你不能判定一个人自相矛盾和荒谬,那确实很奇怪。

这是以死板的方式对待我关于真理的一点看法——真理是有效用的——的一个特殊的例子,它与下面这种方式类似。我说"效用"就是我们观念的"真理"的意义,并称之为定义。但是,由于意义和所意指的事物,定义和所定义的事物是等价的和可互换的,而且当使用一个术语时,它不可能意指任何与其定义无关的东西,因此,无论谁说一个观念为真,并用这个词表示它有用,他就不能有别的意思,只能相信它确实有用,不能相信其他任何东西,特别是既不能暗示也不能允许任何关于其对象或其表达内容的东西。"根据实用主义者的观点,"罗素先生写道,"说'他人存在'是真的,意思是'相信他人存在'是有用的。但如果是这样的话,那么这两个短句仅仅是同一命题的不同说法;因此,当我相信其中一个时,我就相信了另一个"(第400页[①])。(顺便说一句,逻辑似乎要求罗素先生同时相信两者,但是他忽略了逻辑的这个结果,他认为"他

[①] Bertrand Russell, "Transatlantic Truth", *Albany Review*, 2:10 (Jan. 1908), p.400.——译者

人存在"与"即使他们不存在,相信他们存在也是有用的"在实用主义者的口中必定是相同的,所以是可替代的命题。)

但是,我现在要问的是,难道真实的术语不能具有一些其定义中没有表达的属性吗?当一个实值最终替代代数的一系列代换定义的结果时,难道所有那些属性不会悄然回来吗?信念有其客观的"内容"或"表达",也有其真理,真理既有其含义,也有其效用。如果有人相信其他人存在,那么他们事实上应该存在,这既是该信念的内容,也是该信念的真理的含义。罗素先生的逻辑似乎"根据定义"排除了所有这些属性像内容、含义和联系,并将我们说成这样一种人:把关于所有事物的所有信念都转化为一种对实用主义自身的信念!如果我说一场演讲富有说服力,并将"富有说服力"解释为以某种方式影响听众的力量;或者如果我说一本书具有原创性,并将"原创性"的含义定义为与其他书不同;那么,我若遵循罗素的逻辑,我似乎注定要同意这场演讲是关于口才的,而这本书是关于其他书的。当我说一个信念为真,并将其真理界定为意指其效用时,我当然不是说该信念是一个关于效用的信念。它是一个关于对象的信念,而谈论这效用的我是一个不同的主体,与那个相信者——我所解释的是他的具体思想——有着不同的话语世界。

社会命题"他人存在"和实用主义命题"相信他人存在,对我们很便利"属于不同的话语世界。一个人可以相信第二个命题,而不必在逻辑上相信第一个命题;一个人可以相信第一个命题,而无需听说过第二个命题;或者一个人可以同时相信它们两者。第一个命题表达的是信念的对象,第二个命题说的是信念保持自身力量的一个条件。在这两个命题中,除了它们共同包含的"他人"一词之外，并无任何种类的相同之处；认为它们可以相互替代，或者认为我们应该将它们相互替代，等于完全放弃研究关于实在的问题。

拉尔夫·霍特里先生似乎也打着抽象派逻辑学的旗号，运用类似于罗素先生的论证，断言我们这些实用主义者是荒谬的。①

为了表达善意，也为了论证，他不顾一切地抛弃了"真"这个词，只让它指这样一个事实，即某些信念对我们很便利；他用"正确"(correctness)一词（正如普拉特先生用"真"这个词）所指的事实，不是关于信念的事实，而是关于信念的对象的事实，即它正如信念所断言的那样。"因此，"他写道，"我说'说恺撒已死'是正确的，我的意思是恺撒已死。"然后，霍特里先生继续用定义的冲突来反驳我。他说，在实用主义者看来，"真的东西"不可能是"正确的东西"，"因为它们的定义在逻辑上是不可互换的；如果我们将它们互换，我们便是同义反复：'恺撒已死'的意思是'相信恺撒已死，对我们很便利'，可是，相信'恺撒已死'有什么便利呢？为什么？这确是一个对'恺撒已死'的宝贵定义。"

霍特里先生的结论似乎是，实用主义关于信念的真理的定义绝非意味着——什么？——相信者应该相信自己的信念表达的内容？——或者谈论这相信者的实用主义者应该相信这个表达的内容？这两种情况截然不同。对于这相信者来说，恺撒当然必定真实存在；而对于实用主义评论家来说，恺撒则不必存在，因为如我刚才所说，实用主义表达的完全属于另一个话语世界。当一个人以定

---

① 请见 1908 年 3 月的《新季刊》(*The New Quarterly*)。

义替代定义来辩论时,他需要停留在同一个话语世界中。

如果我们把"真理"一词从主体领域带到对象领域,时而将其应用于观点的性质,时而将其用于观点所断言的事实,那么这个讨论的话语世界就发生了巨大转变。许多学者像罗素本人、G. E. 摩尔以及其他学者都喜欢用"命题"这个令人不快的词,这个词似乎是专门为助长这种混乱而发明的,因为他们把真理说成是"命题"的一种性质。但是,在说出命题时几乎不可能不用"that"一词。"恺撒已死"(That Cæsar is dead),"美德是其自身的奖赏"(*that* virtue is its own reward,),都是命题。

我并不是说,出于某些逻辑的目的,把命题视为绝对实体,分别赋予它们以内在的真理或虚假,或者将"恺撒-已-死"(that-Cæsar-is-dead)这样的复合词变成一个单一的术语并称之为"真理",没有用处。但是,对于那些想给我们实用主义者制造麻烦的人来说,这里的"that"具有极其方便的模糊性,有时它意指这个事实"恺撒已经不在人世",有时意指这个信念"恺撒已经不在人世"。当我称信念为真时,我被告知真理意指事实;当我也主张事实时,我被告知我的定义排除了事实,它只是对信念中某一特性的定义——因此,最终我没有真理可言。

在我看来,消除这种难以容忍的模糊性的唯一办法是始终如一地使用术语。"实在"、"观念"或"信念",以及"观念或信念的真理",是我始终如一使用的术语,人们对之似乎没有任何异议。

谁要是把术语从其所有自然环境中抽象出来,把它们与定义相提并论,并且更多地以代数的方式对待后者,那么他就不仅有可能混淆话语世界,而且有可能犯下普通人都容易发现的错误。"根据定义"证明"恺撒存在"这一陈述与关于"便利"的陈述是相同的——因为一个陈述是"真的"而另一个是关于"真陈述"的,这就好比证明一辆公共汽车是一艘船——因为两者都是交通工具。马可以被定义为用中趾的趾甲行走的兽。每当我们看到一匹马,我们就会看到这样的兽,正如每当我们相信一个"真理"时,我们就会相信它给我们带来的便利。如果罗素先生和霍特里先生遵循他们的反实用主义逻辑,他们就会在这里说,我们看到它就是这样一头兽,但是众所周知,一个人若不是比较解剖学家,他是看不到这一事实的。

这几乎让人不想成为逻辑学家了,以便摆脱如此多的抽象主义。最糟糕的抽象主义困扰着罗素先生,使他在自己的试验中难以明确地说出"真理"一词的含义。《精神》杂志第13卷(1904年)第509页刊载了他的第三篇关于迈农(Meinong)的文章中,他在此文中试图完成一个壮举,将讨论仅限于三个术语即命题、命题的内容和对象,他将它们从相关实在的整个环境——在每一个现实的认识中这些术语都存在于这些环境里——中抽取出来。他将这些经过真空处理、成为空洞的逻辑实体的术语,进行各种可能的排列和组合,把它们放在刑架上折磨,直到它们一无所剩,经过所有这些逻辑锤炼之后,得出了以下可怕的结论,并认为这才是"正确观点":"关于真理与虚假,完全不存在问题;有些命题是真的,有些是假的,就像有些玫瑰花是红的,有些是白的;信念是对命题的一种态度,如果命题是真的,这种态度就叫知识,如果命题们是假的,这种态度就叫错误。"——他似乎认为,一旦得出这个见解,我们就可以认为这个问题永远结束了!

尽管我钦佩罗素先生的分析能力，但在读完这样一篇文章之后，我还是希望实用主义即使没有其他作用，至少能让他和其他同样有天赋者因为将这种能力用于如此脱离实在的抽象而感到羞愧。不管怎样，实用主义能使我们免于诸如那些文章所表现出的病态的抽象主义。

附注：撰写上述反驳文章之后，1909年4月的《爱丁堡评论》(*Edinburgh Review*)刊发了一篇关于实用主义的文章，我认为这篇文章出自罗素先生之手。就他对真理-问题(truth-problem)的讨论而言，尽管他显然煞费苦心以求公正，但在我看来他似乎并未从根本上改进他之前的观点。因此，我就不再做任何补充了，只想请感兴趣的读者参阅该文章的第272—280页。

15. 对话

在修正了前面的所有论证之后，我想我的读者可能仍然会有一种心态，这使其难以信服我的观点，所以设法驱散这种心态至少是我的责任。如果我将我要说的话以对话的形式表达出来，可能更简洁一些。那么，让反实用主义者开始吧：——

反实用主义者：——你说一个观念的真理是由其效用构成的。现在假设有某种事实状态，例如关于远古行星历史的事实，我们可以就此提出问题："有关它们的真理会为人所知吗？"假定（不考虑全知的绝对者这个假设）我们认为这个真理永远不会为人所知。实用主义者兄弟，现在我问你，根据你的观点，是否可以说有关于这样一个事实状态的真理。它在永不为人所知的情况下，究竟有一个真理还是没有真理？

实用主义者：——你为何问我这样一个问题？

反实用主义者：——因为我觉得这会让你进退两难。

实用主义者：——为什么？

反实用主义者：——为什么，因为一方面，如果你说有一个真理，那么你就因此放弃了你的整个实用主义理论。根据这个理论，真理需要观念和效用来构成；但在目前的例子中，我们假设没有认识者，因此既不可能存在观念，也不可能存在效用。那么你还能用

15. 对话

什么来造出你的真理呢?

实用主义者:——难道你想和我的许多论敌一样,迫使我用实在本身来造出真理?我做不到:真理是被认识、被思想或者被言说的关于实在的东西,因此它在数目上是外加于实在的。不过,你的意图可能有所不同;所以在我说出我选择你的两难选择中的哪一个之前,请你让我听听另一个选择可能是什么。

反实用主义者:——另一个选择是,如果你说在我们假设的情况下没有真理——因为没有观念或效用,那么你就违背了常识。难道常识不是认为,关于一个事实状态的命题,即使事实上从未有人提出过它,但是它在本质上必定可以确定地通过某种命题来表述吗?

实用主义者:——毫无疑问,常识相信这一点,我也相信这一点。在我们这个星球的历史上曾有无数的事件,过去没有人能够对它们做出解释,将来也永远没有人能够对它们做出解释,然而对于这些事件,我们可以抽象地说,只有一种可能的解释是真的。因此,任何关于此类事件的真理一般说来都已经由事件的本质预先决定了;所以人们可以理直气壮地说,它实际上是预先存在的。因此常识天然是正确的。

反实用主义者:——那么,这就是你所捍卫的进退两难中的一个选择吗?你是说真理即使在永远不为人知的情况下也存在吗?

实用主义者:——只要你让我始终如一地坚持我自己的真理概念,不要让我为了某些我觉得不可理解的东西而放弃它,我的确相信这一点。——你也相信,真理即使在永远不为人知的情况下也存在,不是吗?

反实用主义者：——我的确这么认为。

实用主义者：——那么请告诉我，根据你的说法，关于这未知东西的真理是由什么组成的。

反实用主义者：——组成？——请问你说的"组成"是什么意思？它只存在于自身，或者更确切地说，它既没有组成，也没有发生，而是它获得，它拥有。

实用主义者：——那么，它与它所拥有的实在有什么关系呢？

反实用主义者：——你说"什么关系"是什么意思？它当然拥有的是它；它认识它，它表象它。

实用主义者：——谁认识它？什么表象它？

反实用主义者：——真理；真理认识它；或者更确切地说，不完全是这样，而是任何具有真理的人都认识它。关于这实在的任何真观念都表象与它有关的真理。

实用主义者：——可是，我想我们已经达成共识：并不存在什么认识它的认识者，我们还假设不存在任何表象它的观念。

反实用主义者：——当然！

实用主义者：——那么，我再一次恳请你告诉我，这个真理本身，这个介于事实本身和对事实的一切认识（实际的或潜在的）之间的第三个东西，究竟由什么组成？它在这第三个区域究竟是什么形态？它是用什么材料造成的，精神的、物质的、还是"认识论的"？它处于形而上学的实在领域的哪个部分？

反实用主义者：——多么荒谬的问题啊！说事实是如此这般，这是真的；说事实并非如此这般，这是假的，难道这还不够吗？

实用主义者：——事实是如此这般，这是真的——我会克制，不问你"真的"是什么;但是我确实要问你,你那句"事实是如此这般,'这是真的'"是否真的意味着,除了纯粹的事实本身的如此这般的存在之外还有什么其他东西。

反实用主义者:——好像不只意味着纯粹的事实的存在。它是一种与它们对应的精神上的等价物,是它们的认识论功能,是它们在理智方面的价值。

实用主义者:——显然,这是它们的精神替身或幽灵!如果是这样的话,请问你是在哪里发现这个真理的。

反实用主义者:——哪里?哪里?不存在"哪里"——它只是获得,绝对地获得。

实用主义者:——不在任何人的心中?

反实用主义者:——不,因为我们已经达成共识,不应假定任何现实的真理认识者。

实用主义者:——我同意没有现实的认识者。可是,你确定一个潜在的或理想的认识者的概念与在你心中形成的这个异常难以捉摸的关于这些事实的真理观念没有任何联系吗?

反实用主义者:——当然,如果存在关于这些事实的真理,那么这个真理就是理想的认识者所认识的。从这个意义上说,你不能把它的概念和他的概念分开。但是在我看来,并非先有他后有它,而是先有它后有他。

实用主义者:——但是你仍然让我对这个所谓的真理的地位感到非常困惑,它好像悬在天地之间,悬在实在与知识之间;它基于实在,但在数目上又外加于实在;它先于任何认识者的观点,而且完全独立于任何认识者的观点。它真的如你想象的那般独立于认识者吗？在我看来这非常可疑，似乎它只是一种潜在的知识——不同于关于实在的现实的知识——的另一个名称。说到底，毕竟，你的真理不就是任何成功的认识者在他存在的情况下必定会认识的东西吗？在一个连认识者都无法想象的世界中，关于事实的任何真理，作为从数目上不同于事实本身的东西，会有存身之处吗？对我来说，这样的真理不仅不存在，而且难以想象，不可思议。

反实用主义者：——可是我记得你刚才说过，存在关于过去事件的真理，即使永远也没有人认识它。

实用主义者：——是的，但是你须记住，我也曾要求允许用我自己的方式来定义这个词。对我来说，关于一个过去、现在或将来的事件的真理只是这样一个事实的另一个名称，即，如果这个事件确实被认识了，这知识的本质已经在某种程度上预先确定了。真理先于对某一事实的现实认识，只是指任何可能认识该事实的认识者最终会发现自己必然相信它。他必定相信某个能使他与该事实建立令人满意关系的东西，那东西将被证明是一种合适的精神替代者。至于那个东西是什么，当然它可能已经在某种程度上被事实的性质以及它的关联领域确定了。

在我看来，当你说真理先于知识而存在时，这似乎就是你所能清楚地表达的全部意思。它是预期的知识，只是以可能的形式存在的知识。

反实用主义者：——可是，当这个知识出现时，它认识的是什么？难道它认识的不是这真理吗？如果是的话，这真理不是必定既不同于这事实也不同于这知识吗？

实用主义者：——在我看来，知识所认识的是事实本身、事件或任何实在。你在这个领域中看到三个不同的实体：实在、认识和真理，而我只看到两个。此外，我能够看到我的两个实体中的每一个被认识为什么，但是，当我自问你的第三个实体即真理被认作什么时，一方面我看不到任何与实在不同的东西，另一方面我看不到任何与实在被认识的方式不同的东西。日常语言认为引入一个混合名称很方便，它有时指称一种认识，有时指称一种被认识的实在，可以交替运用于它们两者，你不是被日常语言误导了吧？哲学将这种模棱两可的东西永久化与神圣化，能获得什么好处吗？如果你把知识的对象称为"实在"，把认知它的方式称为"真理"，而且这是在特殊的环境下进行的各种各样的认知，由那些与它有着各种联系的特殊的人进行的认知，如果你始终如一地坚持这个术语的用法，那么在我看来你就可以摆脱各种麻烦。

反实用主义者：——你的意思是你认为你摆脱了我的两难困境？

实用主义者：——我确实摆脱了；因为如果知识和真理像我所认为的那样，是相互关联和相互依赖的术语，那么，只要知识是可设想的，真理就是可设想的；只要知识是可能的，真理就是可能的；只要知识是现实的，真理就是现实的。因此，当你用第一个困难向我发难时，我想到的是现实的真理，所以我说它不存在。它之所以不存在，是因为根据假设，没有认识者，没有观念，没有效用。不过，我承认可能的或潜在的真理存在，因为认识者可能会诞生；可设想的真理当然存在，因为从抽象的角度看，远古的事件中并不具有什么性质使我们不能将知识应用于它们。因此，当你试图用第二个困难向我发难时，我认为我们所讨论的真理只是一种抽象的可能性，所以我说它确实存在,并且站在常识一边。难道这些区分不正好使我免于尴尬吗?难道你不觉得这有助于你自己理解它们吗?

反实用主义者:——绝不可能!——所以,你就不要再喋喋不休地狡辩了!真理就是真理,我绝不会以你说的方式来贬低它,让它等同于低俗的实用的特殊的事物。

实用主义:——那好吧,我亲爱的对手,我很难指望说服一个像你这样杰出的理智主义者和逻辑学家;所以,你尽管享受你自己的妙不可言的概念吧。也许新一代人成长起来以后会比你更习惯于对术语进行具体的和经验的解释——这正是实用主义的方法所在。到那时,也许他们会感到奇怪,像我这样对真理如此无害而又自然的解释,怎么会如此难以进入那些人——他们比我聪明得多,但受教育和传统的束缚,执着于抽象主义的思维方式——的心中呢?

索　引[*]

（依汉语拼音排序，页码为原书页码，即本书边码）

A

艾略特，乔治 Eliot, George 59
奥斯特瓦尔德，威廉 Ostwald, Wilhelm 47

B

巴克莱，乔治 Berkeley, George 45, 58
鲍德温，詹姆士·马克 Baldwin, James Mark 78
鲍恩，博登·帕克 Bowne, Borden Parker 18
贝克韦尔，查尔斯·蒙塔古 Bakewell, Charles Montague 9
波士顿 Boston 8, 158
柏格森，亨利 Bergson, Henri 46
柏拉图 Plato 19, 123, 149, 157
布尔，乔治 Boole, George 56
布尔多，让 Bourdeau, Jean 127
不可经验的 Unexperienceable 5
不可知论 Agnosticism 81, 112, 129
布拉德雷，弗朗西斯·赫伯特 Bradley, Francis Herbert 39, 40, 46, 47, 49, 81
布朗，威廉·亚当斯 Brown, William Adams 137

C

常识 Common sense 11, 25, 34, 35, 38, 44, 45, 58, 67, 82—86, 98, 128, 131, 173, 178
彻底经验主义 Radical empiricism 5—7, 75, 133
抽象 Abstraction 11, 19, 20, 37, 39, 44, 55, 59, 63, 85, 89, 91—96, 103, 107, 113, 117, 118, 122—124, 127, 128, 143, 147, 149, 150—152, 154—158, 160—162, 164, 165, 168, 169, 171, 173, 177

---

[*] 本索引为译者编制。

抽象主义 Abstractionism 149, 150, 153, 155, 159, 160, 165, 170, 171, 178

D

对象 Object 1, 2, 4, 6—8, 11, 12, 15, 24, 25, 27, 31, 32, 36—38, 47, 49, 55—58, 63—65, 67—71, 73, 76, 81—83, 89—93, 95—98, 101—107, 109, 110, 115, 119, 122, 123, 126, 128, 129, 132, 134, 136, 141—143, 145, 147, 149, 157, 165—170, 177

动物学博物馆（马萨诸塞州剑桥市）Museum of Zoology (Cambridge, Mass.) 27

杜克洛，埃米尔 Duclaux, Emile 53

杜克洛，埃米尔的夫人 Duclaux, Madame Emile 53

杜威，约翰 Dewey, John 2, 7, 8, 33, 40, 42, 43, 49, 78, 79, 86, 97, 105, 109, 126, 132, 133, 142

多元论 Pluralism 80, 85, 137—139

F

费里尔，詹姆士·弗雷德里克 Ferrier, James Frederick 25

费希特，约翰·戈特利布 Fichte, Johann Gottlieb 25

非决定论者 Indeterminist 152, 153, 154

符合 Agree, Agreement 1, 2, 27, 47, 60, 62, 106, 107, 117, 118, 123, 124, 131, 132, 136, 142, 165

富勒顿，乔治·斯图尔特 Fullerton, George Stuart 151, 152

G

概念性知识 Conceptual knowledge 34, 74, 81

感官知觉 Sense-perception 119

格林，托马斯·希尔 Green, Thomas Hill 14, 16, 79, 88, 89

格罗特，约翰 Grote, John 15

观念 Idea 1, 2, 4, 6—8, 10, 27, 31—36, 38, 43, 44, 53, 55, 56, 58, 69, 71—74, 76, 77, 82, 86, 88, 89—99, 101—111, 113, 114, 116—128, 134, 136, 141—144, 146—148, 157, 158, 166, 169, 172—175, 177

关系 Relation 1, 5—7, 14, 17, 20, 29, 32, 35, 36, 47, 49, 54—57, 64, 67—69, 71, 72, 75, 77, 81, 84, 85, 88—91, 95—97, 100—105, 107—109, 113, 114, 117—119, 123—125, 129, 130, 132—136, 142—144, 146, 150, 157, 160, 161, 166, 174, 176

关系论者 Relationist 15

H

赫伯特,马塞尔 Hébert, Marcel 140, 141, 146, 148

赫兹,海因里希·鲁道夫 Hertz, Heinrich Rudolph 47

黑格尔,乔治·威廉·弗里德里希 Hegel, George Wilhelm Friedrich 14, 16, 118, 156

亨利·辛克 Henri Cinq 132

话语世界 Universe of discourse 110, 115, 117, 119, 129, 167—169

怀疑主义 Skepticism 42, 79, 112, 113, 121, 159

霍奇森,沙德沃斯·霍尔韦 Hodgson, Shadworth Hollway 10, 34

霍特里,拉尔夫 Hawtrey, Ralph 136, 165, 168, 170

J

几何学 Geometry 42, 55, 123

纪念堂(哈佛大学) Memorial Hall (Harvard University) 68, 74

加德纳,哈里·诺曼 Gardiner, Harry Norman 9

加利福尼亚大学哲学联合会 Philosophical Union of the University of California 116

杰文斯,威廉·斯坦利 Jevons, William Stanley 56

经验 Experience 1, 2, 5—7, 24, 27, 32, 35—37, 44—46, 48—51, 55, 59, 60, 63, 65—77, 80—85, 88, 90—92, 95, 96, 98, 100—104, 106, 107, 109, 110, 116, 117, 120, 122, 123, 127, 131, 133, 143—145, 148, 149, 150, 153—155, 157, 159—161, 178

经验的 Experiential, Empirical 1, 5, 7, 24, 37, 45, 46, 48—50, 55, 59, 60, 67, 68, 70—73, 75, 76, 80—85, 88, 90, 106, 116, 143, 145, 150, 153, 155, 161, 178

经验内的 Intra-experiential 35

经验者 Experiencer, Experient 37, 49, 80, 85

经验主义 Empiricism 5—7, 51, 74, 76, 77, 100, 133

经验主义者 Empiricist 75, 157

精神假日 Moral holidays 3, 137, 138

具体性 Concreteness 49, 96, 117, 122, 130, 154, 155, 157

决定论 Determinism 152, 153

绝对主义 Absolutism 4, 42, 51, 52, 65, 138, 159

K

卡勒斯,保罗 Carus, Paul 9

恺撒,尤利乌斯 Cæsar, Julius 58, 134—136, 168, 169, 170

康德,伊曼努尔 Kant, Immanuel 14, 113, 129

康奈尔大学 Cornell University 131

科罗特,让·巴蒂斯特·卡米尔 Corot, Jean Baptiste Camille 141, 146

科尼利厄斯,汉斯 Cornelius, Hans 45

科学 Science 13, 31, 41—43, 56, 57, 67, 68, 78, 81, 82, 86, 87, 101, 116, 134, 137, 140, 151

客观参照 Objective reference 74, 75, 142

客观性 Objectivity 43, 53

可经验的 Experienceable 4—7, 21, 32, 63, 143

克莱顿,约翰·埃德温 Creighton, John Edwin 9

孔狄拉克,艾蒂安·博诺·德 Condillac, Etienne Bonnot de 11

L

拉兰德,安德烈 Lalande, André 9

莱德,乔治·特伦布尔 Ladd, George Trumbull 9, 91

里德,卡维斯 Read, Carveth 8

里克特,海因里希 Rickert, Heinrich 157, 159

理性主义 Rationalism 5, 6, 53, 112, 121, 127, 151, 158, 159

理智主义 Intellectualism 1, 93, 103, 117, 123—125, 127, 128, 136, 178

逻辑 Logic 12, 15, 17, 18, 27, 42—44, 46, 49, 51, 55, 57, 65, 70, 84, 89—91, 96, 100, 107, 113, 117, 119, 121, 125, 127, 133—135, 141, 148, 151, 154, 155, 159, 163—170, 178

罗素,伯特兰 Russell, Bertrand 163—171

罗伊斯,西亚 Royce, Josiah 21, 46, 47, 49, 81

洛采,鲁道夫·赫尔曼 Lotze, Rudolph Hermann 18, 54, 71, 77

洛夫乔伊,阿瑟·奥肯 Lovejoy, Arthur Oncken 9

洛克,约翰 Locke, John 10, 57

M

马萨诸塞州剑桥市 Cambridge, Mass. 9

麦克塔格特,约翰·麦克塔格特·埃利斯 McTaggart, John McTaggart Ellis 9, 154, 156, 157

迈农,阿列克谢 Meinong, Alexius 170

曼特雷,弗朗索瓦 Mentré, Francois 9

美国哲学学会 American Philosophical Association 131

美国心理学会 American Psychological Association 34

米勒,迪金森·萨真特 Miller, Dickinson Sergeant 21, 36, 87

米勒,欧文·埃尔加 Miller, Irving Elgar 8

米洛,加斯东·塞缪尔 Milhaud, Gaston Samuel 46

敏斯特贝格,雨果 Münsterberg, Hugo 157—159

摩尔,乔治·爱德华 Moore, George Edward 9, 169

摩西 Moses 58

摹写 Copy 1, 21, 53—57, 62, 63

穆勒,约翰·斯图尔特 Mill, John Stuart 45

N

尼禄 Nero 153

牛顿,艾萨克 Newton, Isaac 27—29

纽约 New York 31, 36

诺克斯,霍华德·文森特 Knox, Howard Vincente 8

O

欧几里得 Euclid 42

欧肯,鲁道夫 Eucken, Rudolf 54

P

帕罗迪,多米尼克 Parodi, Dominique 9

佩利,威廉 Paley, William 27—29

彭加勒,亨利 Poincaré, Henri 46

皮尔士,查尔斯·桑德斯 Peirce, Charles Sanders 31, 39

普拉特,詹姆士·比塞特 Pratt, James Bissett 101, 103—107, 109, 110, 136, 168

R

人本主义 Humanism 39—44, 46—60, 62, 65, 76, 78—84, 86, 129, 130, 133

认识论 Epistemology 2, 8, 13, 29, 32, 35, 65, 71, 74, 75, 84, 89, 91—93, 103, 106, 108—110, 114—119, 122, 125, 129—131, 148, 174, 175

S

萨克雷,威廉·梅克皮斯 Thackeray, William Makepeace 30

莎士比亚,威廉 Shakespeare, William 164

尚博德伯爵 Chambord, Count of 132

上帝 God 4, 11, 12, 13, 27, 29, 42, 43, 56, 80, 87, 116, 145

实用主义 Pragmatism 1, 3—9, 32, 39, 40, 42, 48—53, 55, 62, 63, 65, 66, 76, 78, 81, 82, 87, 93, 94, 96, 100—102, 104—106, 109—133, 136—146, 148, 149, 157—162, 164—178

实证主义 Positivism 112

实在 Reality 1, 2, 5, 7, 8, 12—15, 17—33, 35, 38, 41—46, 48, 50—63, 65, 66, 69—76, 80—86, 88—90, 92, 93, 95, 97—102, 106, 109, 113—120, 122—126, 128—134, 136, 141—148, 154, 156, 161, 168—171, 173—177

司各特,沃尔特爵士 Scott, Sir Walter 24

斯宾塞,赫伯特 Spencer, Herbert 55

斯特朗,查尔斯·奥古斯都 Strong, Charles Augustus 87, 88

斯托特,乔治·弗雷德里克 Stout, George Frederick 114, 115

索尔特,威廉·麦金泰尔 Salter, William MacKintire 9

索尔兹伯里勋爵 Salisbury, Lord 43

T

泰勒,阿尔弗雷德·爱德华 Taylor, Alfred Edward 9, 50, 62, 63

替代 Substitute, Substitution 8, 10, 30, 31, 71—73, 75, 76, 83, 84, 89, 95, 99, 103, 108, 112, 123, 125, 126, 148, 155, 157, 165—169, 176

跳跃的关系 Saltatory relations 91

同一哲学 Identitätsphilosophie 82, 85, 129

W

外在于经验的 Extra-experiential

威尔布瓦,约瑟夫 Wilbois, Joseph 46

唯我论 Solipsism 13, 22, 24, 30, 128—130

唯心论 Idealism 30, 38, 128

伍德布里奇,弗雷德里克·詹姆士·尤金 Woodbridge, Frederick James Eugene 81

物体 Object 23, 45

X

希本,约翰·格里尔 Hibben, John Grier 9

西梅尔,乔治 Simmel, George 46

席勒,费迪南德·坎宁·斯科特 Schiller, Ferdinand Canning Scott 2, 7, 8, 33, 40, 43, 79, 86, 97, 105, 109, 113, 114, 126, 129, 130, 133, 142, 146—148

先验论 Transcendentalism 21, 67, 74, 75, 77, 134

相对主义 Relativism 149, 158, 159, 162

辛茨,阿尔伯特 Schinz, Albert 9

心理学 Psychology 7, 8, 11, 12, 21, 25, 28, 34, 56, 67, 68, 78, 79, 82, 87, 89, 96, 101, 108, 113,

116, 134, 137, 140, 147, 148
心理-质料 Mind-stuff 83, 84
心灵研究会 Society for Psychical Research 20
形而上学 Metaphysics 8, 18, 21, 23, 25, 31, 46, 81, 125, 129, 130, 151, 174
行走的关系 Ambulatory relations 89
休谟, 大卫 Hume, David 16, 35

Y

亚里士多德学会 Aristotelian Society 10
意识 Consciousness 10, 12, 14, 16, 23, 25—28, 30, 43, 46, 62, 68, 75, 78, 80—82, 88, 110, 116, 128, 149, 154, 163, 164
因果条件 Causal condition 108
印度教偶像 Hindoo idol 56
约翰逊, 弗朗西斯·豪 Johnson, Francis Howe 8

Z

詹姆士-米勒认知论 James-Miller theory of cognition 88
哲学 Philosophy 2—5, 11, 14—16, 21, 34—36, 42, 47, 49, 52, 53, 59, 67, 68, 78—80, 82—85, 87, 88, 101, 111, 113, 116, 126, 127, 129, 131, 134, 137, 139, 140, 159, 177
哲学家 Philosopher 3, 14, 31, 38, 60, 77, 79, 83—85, 87, 98, 113, 149, 150, 158, 159
真理 Truth 1—8, 21, 22, 31—33, 36, 39, 40, 42—47, 49, 50—53, 55, 57—61, 63—66, 75, 79, 81, 83, 85—88, 95—105, 107—109, 111, 112, 114, 116—131, 133—136, 139—147, 150, 154, 157—178
证实 Verification 1, 2, 52, 59, 60, 71, 74, 75, 78, 90, 93, 98, 101—105, 107, 114, 117, 118, 123—126, 128, 129, 144, 146, 163
主观主义 Subjectivism 79, 142, 145, 148
主体 Subject 7, 32, 44, 67, 68, 82, 115, 116, 122, 129, 132, 136, 146, 147, 167, 169
自由意志 Free will 151—153

主要参考书目西汉对照表[*]

Aennchen von Tharau（H. Hofmann）《塔劳的安馨》（H. 霍夫曼）
Albany Review《奥尔巴尼评论》
Anti-Pragmatisme（A. Schinz）《反实用主义》（A. 辛茨）
"Confusion of Function and Content in Mental Analysis, The"（D. S. Miller）"心理分析中功能与内容的混淆"（D. S. 米勒）
Development and Evolution（J. M. Baldwin）《发展与进化》（J. M. 鲍德温）
Divin, Le（M. Hébert）《论神》（M. 赫伯特）
"Does 'Consciousness' Exist?"（W. James）"'意识'存在吗?"（W. 詹姆士）
Edinburgh Review《爱丁堡评论》
Eternal Values, The（H. Münsterberg）《永恒的价值》（H. 敏斯特贝格）
"Evolution and Ethics"（J. Dewey）"进化与伦理学"（J. 杜威）
"Evolutionary Method as Applied to Morality, The"（J. Dewey）"应用于道德的进化方法"（J. 杜威）
Exploratio Philosophica（J. Grote）《哲学探索》
Gegenstand der Erkenntnis, Der（H. Rickert）《论知识》（H. 里克特）
"Green's Theory of the Moral Motive"（J. Dewey）"格林的道德动机理论"（J. 杜威）
"How to Make Our Ideas Clear"（C. S. Pierce）"如何使我们的观念清晰"（C. S. 皮尔士）
"Humanism and Truth Once More"（W. James）"再论人本主义与真理"（W. 詹

---

[*] 本对照表由译者编制。

姆士）

Institutes of Metaphysic（J. F. Ferrier）《形而上学原理》（J. F. 费里尔）

"Interpretation of Savage Mind"（J. Dewey）"对野蛮人心灵的解释"（J. 杜威）

Ivanhoe（W. Scott）《艾文荷》（W. 司各特）

Journal des Débats《辩论杂志》

Journal of Philosophy, Psychology and Scientific Methods《哲学、心理学与科学方法》

"Limits of Pragmatis, The"（J. M. Baldwin）"实用主义的界限"（J. M. 鲍德温）

Logic（H. Lotze）《逻辑学》（H. 洛采）

McGill University Quarterly《麦吉尔大学季刊》

"Meaning of Truth and Error, The"（D. S. Miller）"真理与错误的意义"（D. S. 米勒）

"Meinong's Theory of Complexes and Assumptions"（B. Russell）"迈农关于复合物与假设的理论"（B. 罗素）

Metaphysics（B. P. Bowne）《形而上学》（B. P. 鲍恩）

Metaphysics of Nature, The（C. Read）《自然的形而上学》（C. 里德）

Mind《精神》

Monist《一元论者》

"Naturalistic Theory of the Reference of Thought to Reality, A"（C. A. Strong）"一种关于思想指称实在的自然主义理论"（C. A. 斯特朗）

New Quarterly, The《新季刊》

Philosophical Review《哲学评论》

Philosophie der Werte（H. Münsterberg）《价值哲学》（H. 敏斯特贝格）

Pluralistic Universe, A（W. James）《多元的宇宙》（W. 詹姆士）

Popular Science Monthly《通俗科学月刊》

Pragmatism（W. James）《实用主义》（W. 詹姆士）

Pragmatisme, Le（M. Hébert）《实用主义》（M. 赫伯特）

Principles of Psychology, The（W. James）《心理学原理》（W. 詹姆士）

Psychological Review《心理学评论》

"Psychology and Social Practice"（J. Dewey）"心理学与社会实践"（J. 杜威）

"Psychology of Effort, The"(J. Dewey)"努力心理学"(J. 杜威)

Psychology of Thinking, The(I. E. Miller)《思想心理学》(I. E., 米勒)

Quarterly Review《每季评论》

"Reflex Arc Concept in Psychology, The"(J. Dewey)"心理学中的反射弧形概念"(J. 杜威)

Religious Aspect of Philosophy, The(J. Royce)《哲学的宗教方面》(J. 罗伊斯)

"Selective Thinking"(J. M. Baldwin)"选择性思维"(J. M. 鲍德温)

"Self-Realization as the Moral Ideal"(J. Dewey)"作为道德理想的自我实现"(J. 杜威)

"Signifigance of Emotions, The"(J. Dewey)"情感的意义"(J. 杜威)

Some Dogmas of Religion(J.M.E. McTaggart)《若干宗教教条》(J.M.E. 麦克塔格特)

Studies in Logical Theory(J. Dewey)《逻辑理论研究》(J. 杜威)

Theatetus(Plato)《泰阿泰德篇》(柏拉图)

"Transatlantic Truth"(B. Russell)"大西洋彼岸的真理"(B. 罗素)

Treatise of Human Nature, A(D. Hume)《人性论》(D. 休谟)

"Truth and Practice"(F. H. Bradley)"真理与实践"(F. H. 布拉德雷)

"'Truth' versus 'Truthfulness'"(W. James)"真理与真理性"(W. 詹姆士)

Vie de Emile Duclaux, La(Madame Emile Duclaux)《杜克洛传》(埃米尔·杜克洛夫人)

What is Pragmatism?(J. B. Pratt)《何谓实用主义?》(J. B. 普拉特)

What is Reality?(F. H. Johnson)《何谓实在?》(F. H. 约翰逊)

"World of Pure Experience, A"(W. James)"纯粹经验的世界"(W. 詹姆士)

译 后 记

如果从开始攻读博士学位算起，我学习和研究威廉·詹姆士哲学已有二十多年。为詹姆士著作的翻译做一些工作，一直是我的一个心愿。感谢王成兵教授为我提供这样一个机会，让我参与他主持的国家社科基金重大项目——"《威廉·詹姆士哲学文集》翻译与研究"，承担《真理的意义》的翻译工作。

《真理的意义》是威廉·詹姆士的一部论文集，詹姆士将其看作他的《实用主义》一书的续篇。《真理的意义》作为《实用主义》的续篇，当然是就这两部著作的思想而言的。从写作和发表时间来看，《真理的意义》中的有些文章，例如"认知功能"、"印度的虎"，还早于《实用主义》。《真理的意义》收集了《实用主义》一书之外的詹姆士所撰写的直接涉及真理问题的所有著述。詹姆士出版这部著作的目的有二。其一是对他的实用主义真理理论做出进一步解释，澄清人们的误解，反驳人们对他的批评。书中六篇文章直接回应了一些学者对实用主义真理理论的批评，它们是"普拉特教授论真理"、"实用主义对真理的解释及其误解者"、"赫伯特教授论实用主义"、"抽象主义与'相对主义'"、"两位英国批评者"和"对话"。其余的文章是詹姆士对其真理理论的进一步解释。詹姆士对其真理理论的解释与他对批评的反驳是相辅相成的，他对真理理论的解释本身就构成他对反实用主义者的反驳，而他对批评的反驳也进一步拓展了他对其真理理论的解释。其二是通过确立实用主义真理观，批判十九世纪末二十世纪初在英美哲学中占统治地位的理性主义先验论，为他的彻底经验主义扫除障碍，因为实用主义真理观的确立是推行彻底经验主义的最重要一步，而在当时的思想环境中彻底经验主义的最大障碍是那种根深蒂固的理性主义信念。

《真理的意义》由15篇文章汇集而成。除了最后两篇，前十三篇文章曾发表于学术期刊或学术会议，它们在该书中的顺序均依照其发表时间排列，其中有些文章只是稍作润色，但也有一些文章进行了大量的重新编排和改写。

《真理的意义》中的第1篇文章"认知功能"是詹姆士于1884年12月1日在亚里士多德学会会议上的发言，首次刊载于1885年1月1日出版的《精神》杂志第10卷第37期第27—44页。这篇文章相比于其他各篇不仅在发表时间上在先，而且在思想的提出上也在先，它是詹姆士对于实用主义真理问题的首次阐述，是其实用主义真理观的源头。关于这一点，《真理的意义》的"序言"和第六篇"再谈真理"中都有说明，詹姆士在1907年9月17日给查尔斯·斯特朗的信中也对此给以明确肯定。詹姆士于1907年拟议的《彻底的经验主义》目录中，"认知功能"排序第一，但是《彻底的经验主义》一书的编者拉尔夫·巴顿·培里（Ralph Barton Perry）在编辑该书时没有将其收录其中。

第2篇"印度的虎"摘录自詹姆士于1894年12月27日在普林斯顿大学举行的美国心理学会会议上所作的一个主席演讲"关

于集合事物的认识",该演讲稿发表在1895年3月出版的《心理学评论》第2卷第2期第105—124页,"印度的虎"摘录自其中的第107—110页。

第3篇"人本主义与真理"原载1904年10月出版的《精神》杂志新号第13卷第52期第457—475页,收入《真理的意义》时文字稍作改动。另有简短增补,采自1905年4月发表在《精神》杂志新号第14卷第54期第190—198页的论文"再论人本主义与真理"。在詹姆士拟议的《彻底的经验主义》目录中,"人本主义与真理"被列为第七篇,但是培里没有将其收入该书之中。

第4篇"认识者与被认识者的关系",节选自"纯粹经验的世界"一文,此文曾发表在1904年9月29日出版的《哲学、心理学与科学方法》第1卷第20期第533—543页,以及1904年10月13日出版的该刊第1卷第21期第561—570页。"认识者与被认识者的关系"选自前者的第538—543以及后者的561—564页。"纯粹经验的世界"被编入《彻底的经验主义》。

第5篇"人本主义的本质"转载自1905年3月2日出版的《哲学、心理学与科学方法》第2卷第5期第113—118页。此文也被编入詹姆士的《彻底的经验主义》一书中。

第6篇"再谈真理"原载1907年7月18日出版的《哲学、心理学与科学方法》第4卷第15期第396—406页。这篇文章在詹姆士拟议的《彻底的经验主义》目录中被列为第11篇,但是培里未将其收入其中。

第7篇"普拉特教授论真理"原载1907年8月15日出版的《哲学、心理学与科学方法》第4卷第17期第464—467页。詹姆士在拟议的《彻底的经验主义》目录中，将此文作为第 11 篇插入第十篇之后，不过，培里没有将它收入该书。

第 8 篇"实用主义对真理的解释及其误解者"，原载 1908 年 1 月的《哲学评论》第 17 卷第 1 期第 1—17 页。

第 9 篇"真理一词的意义"，原为詹姆士在 1907 年美国哲学学会会议上的讲话，会议于 12 月 26—28 日在康奈尔大学举行。此文曾发表在 1908 年 7 月的《精神》杂志第 17 卷第 3 期第 455—456 页。此文的摘要曾以"讨论：真理的意义和标准"为题发表在 1908 年 3 月的《哲学评论》第 17 卷第 2 期第 180—181 页。

第 10 篇"尤利乌斯·恺撒的存在"，最初以"真理与真实性"为题发表于 1908 年 3 月 26 日出版的《哲学、心理学与科学方法》第 5 卷第 7 期第 179—181 页，收入《真理的意义》时删去了最后两段。

第 11 篇"绝对者与艰苦奋斗的生活"，原载 1907 年 9 月 26 日出版的《哲学、心理学与科学方法》第 4 卷第 20 期第 546—548 页。

第 12 篇"赫伯特教授论实用主义"，原载 1908 年 12 月 3 日出版的《哲学、心理学与科学方法》第 5 卷第 689—694 页，它是詹姆士对马塞尔·赫伯特所著《实用主义及其在英美的各种表现形式》的评论。

第 13 篇"抽象主义与'相对主义'"，最初以"论抽象的普遍滥用"为题发表于 1909 年 5 月出版的《通俗科学月刊》第 74 卷第 5 期第 485—493 页。

第 14 篇"两位英国批评者"和第 15 篇"对话"此前未曾发表，詹姆士将它们编入《真理的意义》，属于初次面世。

译 后 记

《真理的意义》中的一些文章也收录于詹姆士本人编著的其他一些著作中，有些文章也收录于国内学者选编的詹姆士著作集中。《真理的意义》中的部分论文已有汉语译文，分布在几部不同的译著里。其中：

陈羽纶和孙瑞禾翻译的《实用主义》（商务印书馆，1979年）包括《真理的意义》中的"序"、第一部分"认知功能"（译为"认知活动"）、第二部分"印度的虎"和第三部分"人本主义与真理"。

庞景仁翻译的《彻底的经验主义》（上海人民出版社，1965年）包括《真理的意义》中的第四部分"认识者与被认识者的关系"（在《彻底的经验主义》第二篇"一个纯粹的经验世界"之中）和第五部分"人本主义的本质"。

万俊人和陈亚军编选的《詹姆士集》（上海远东出版社，1998年）包括《真理的意义》中的第三部分"人本主义与真理"、第五部分"人本主义的本质"、第八部分"实用主义对真理的解释及其误解者"和第十五部分"对话"。

万俊人和陈亚军编选的《詹姆士文选》（社会科学文献出版社，2007年）包括《真理的意义》中的第八部分"实用主义对真理的解释及其误解者"、第九部分"真理一词的意义"和第十四部分"两位英国批评者"。

我在翻译《真理的意义》的过程中参考了这些译文，在此谨向上述译文的译者表示衷心的感谢！贾江鸿教授对第三部分詹姆士的第四个注释的译文提出了宝贵的修改意见，梁乐睿博士对一些拉丁词的翻译提供了良好的建议，在此向他们深表感谢！

在翻译过程中，我还参考了 William James, *The Meaning of Truth*,

edited by Fredson Bowers & Ignas K. Skrupskelis, Cambridge, Massachusetts: Harvard university press，1975；Ralph Barton Perry, *The Thought and Character of William James*, Cambridge, Mass.: Harvard University Press,1948；John R. Shook, *Pragmatism: An Annotated Bibliography 1898-1940*, Amsterdam, the Netherlands and Atlanta, GA: Rodopi, 1998。在此也对这些著作的编者与著者表示感谢！

最后，我要特别感谢为本书的出版付出辛勤劳动的卢明静编辑。

译文中的错误和不足之处，敬请读者朋友批评指正。

黄启祥

2022 年 6 月 19 日初稿于海南大学社科楼
2024 年 3 月 2 日修改于海南大学社科楼

图书在版编目（CIP）数据

真理的意义：《实用主义》续篇／（美）威廉·詹姆士著；黄启祥译．－－北京：商务印书馆，2024．
（威廉·詹姆士哲学文集）．－－ISBN 978-7-100-24716-0

Ⅰ．B087-63
中国国家版本馆CIP数据核字第2024WR0834号

权利保留，侵权必究。

威廉·詹姆士哲学文集
第4卷

真理的意义
——《实用主义》续篇

〔美〕威廉·詹姆士　著
黄启祥　译

商 务 印 书 馆 出 版
（北京王府井大街36号　邮政编码100710）
商 务 印 书 馆 发 行
北京市艺辉印刷有限公司印刷
ISBN 978-7-100-24716-0

2024年12月第1版　　开本 850×1168　1/32
2024年12月北京第1次印刷　印张 6½　插页 2
定价：46.00元

威廉·詹姆士哲学文集

第1卷　实用主义——某些旧思想方法的新名称
第2卷　心理学原理
第3卷　宗教经验种种——人性的研究
第4卷　真理的意义——《实用主义》续篇
第5卷　信仰的意志及其他通俗哲学论文集
第6卷　若干哲学难题
第7卷　彻底的经验主义论文集
第8卷　一个多元的宇宙
第9卷　威廉·詹姆士哲学论文集
第10卷　威廉·詹姆士哲学书信集